幼儿园
片段教学精彩实录
（大班）

唐海燕 林高明 编

海峡出版发行集团 | 福建教育出版社

图书在版编目（CIP）数据

幼儿园片段教学精彩实录 . 大班/唐海燕，林高明编.
—福州：福建教育出版社，2016.5（2023.4 重印）
ISBN 978-7-5334-7174-3

Ⅰ.①幼…　Ⅱ.①唐…　②林…　Ⅲ.①学前教育—
教学参考资料　Ⅳ.①G613

中国版本图书馆 CIP 数据核字（2016）第 061480 号

You'eryuan Pianduan Jiaoxue Jingcai Shilu（Daban）

幼儿园片段教学精彩实录（大班）

唐海燕　林高明　编

出版发行	**福建教育出版社**
	（福州市梦山路 27 号　邮编：350025　网址：www.fep.com.cn
	编辑部电话：0591-83726908
	发行部电话：0591-83721876　87115073　010-62024258）
出 版 人	江金辉
印　　刷	福州万达印刷有限公司
	（福州市闽侯县荆溪镇徐家村 166-1 号厂房第三层　邮编：350101）
开　　本	710 毫米×1000 毫米　1/16
印　　张	14.75
字　　数	218 千字
插　　页	2
版　　次	2016 年 5 月第 1 版　2023 年 4 月第 5 次印刷
书　　号	ISBN 978-7-5334-7174-3
定　　价	34.00 元

如发现本书印装质量问题，请向本社出版科（电话：0591-83726019）调换。

目 录

第一章 幼儿园片段教学概述

一、片段教学是什么

片段教学作为一种新的考评方式，目前被广泛应用于各级各类的幼儿园教学竞赛、幼儿教师招聘、骨干教师学科带头人评选、幼儿教师职称评定、幼儿教师资格认定以及园本教研等活动中。它是相对于一节完整的课堂教学而言的，是真实教学场景的一个片段，也就是说，片段教学只是教学实施过程中的一部分，教师通过完成指定的教学任务，来展现自己的课程观、学生观、教学观。

片段教学的过程一般是在没有孩子的虚拟课堂中进行的，教师在教学时要模拟孩子的存在，进行对话与交流，要预设可能出现的问题，要通过角色扮演将孩子的主体地位充分体现。通过片段教学后的评价、交流，能促进教师间的同伴互助和接受专家的引领，有利于教师在学习和实践中更新观念、转变思想，提高教学的能力与水平。目前关于片段教学的理解有两种观点：一种观点认为，片段教学不是一堂课中切出的一个片段，而是以这个片段作为教学内容，经设计后，进行一个完整的教学过程；另一种观点认为，片段教学就是一堂课中切出的一个相对独立的片段，因此弱化课堂结构的导入与结课的环节，更多地关注新课的过程。由于幼儿园集体教学活动时间不长，因此，幼儿园片段教学一般采用第一种观点，即是一个教学活动的完整呈现，类似于目前比较流行的模拟课堂、微型课教学。

1

二、片段教学与说课的异同

由于片段教学与说课有若干相似之处，一是活动时间基本相同，一般都控制在 10—15 分钟以内；二是都没有学生的参与，只是面对评委说课与授课；三是一般都用于诊断、评估教师的教育教学能力与基本功等，因此常有教师将这两种教研形式混淆，但是片段教学与说课有着明显的不同，表现在如下四个方面。

（一）性质不同

片段教学展示的是对某具体内容片段的模拟教学过程，着重展示的是教师"教"与学生"学"的情境，是教师将自己的教学设想付诸实际的具体实施过程。而说课的重点在于"说"，即说设计意图、说活动目标、说活动准备、说教法学法、说活动流程……并知晓说课是介于备课与上课之间的一个相对独立的教学活动与环节，它是在告诉大家自己准备怎么上，并用相应的理论来阐述自己"为什么要这样教"，以及"这样教的依据和原理是什么"。虽然说课中也要展现完整的教学流程，但更倾向于理性的阐述，它提供的只是一张施工的蓝图，而片段教学则是施工。

（二）内容不同

片段教学模拟了实际课堂教学过程，展示具体知识和技能的教学，这些不是说课的重点；而说课时所说的"怎么教""为什么这样教"等，这些都不需要在课堂上呈现。

（三）方法不同

片段教学要求展示（模拟）教师与幼儿的双边活动，是我和"我"的一个对话。前面的我是执教老师，后面的"我"是执教老师所面对的儿童，但在片段教学中儿童的这个角色也必须由执教老师来完成。而说课则是教师解说自己教学意图的过程。

（四）评价标准不同

片段教学着重观察教师课堂教学的过程，例如如何调动孩子积极思维，如何机智处理教与学中的矛盾，如何有效控制教学进程等。说课过程重在评价教师掌握教材，应用教学理论设计教学方案，以及预设教学过程等方面，教师的教学理念、教学目标有显性表达的过程。

三、片段教学的作用

（一）片段教学有利于促进教师个体的专业成长

片段教学要求执教者在一定的教学思想的指导下，从教学内容入手，寻求最佳的角度切入，安排恰当的教学活动，这与平时的教学完全一致，而且更集中，更精炼，更需要讲究教学艺术，更富有挑战性。对听者而言，片段教学的精短使其更容易吸取精华和发现问题，作为今后教学的借鉴。如果再加以真切地研讨并听取中肯的评点，那对提高教学能力是非常有益的。

因此，为了上好片段教学，为了彰显自我的教学特色和教学主张，教师不仅要认真钻研各领域的教材，精通《幼儿园教育指导纲要（试行）》《3—6岁儿童学习与发展指南》等相关要求，还要自觉学习有关教育教学和心理学等方面的理论与知识。

幼儿园年轻教师在开展片段教学的过程中，对教材的理解会更为精准，对课堂教学结构的构思会更为科学，对儿童的研究会更为深刻，通过片段教学，不仅能迅速提升他们独自的备课能力，还能转变他们的教育观、儿童观。幼儿园骨干教师在片段教学的过程中，对教育教学理论的学习与运用会更为自主，对自我教学主张的梳理与提炼会更为科学，通过片段教学，不仅能促使他们形成自己独特的教学风格，还能使得他们尽快地朝着研究型、专家型教师迈进。

（二）片段教学有利于促进教学研共同体的形成

众所周知，整体的属性和功能大于各孤立部分的总和。一个具有良好社会心理氛围的团队，它在幼儿园教育教学工作中所发挥的作用就不是教师个人作用的简单代数和，而是发挥着更大的、质上全新的作用和功能。同侪互助是指两个或多个教师一起，共同反思当前的教学实践，改进和建立新的技能，相互教导，共享经验，共同参与教学研究，并在工作中共同解决实际问题，从而获得共同的成长。在传统的教学中，幼儿园教师常常囿在自己的"一亩三分地"中，在"我的班级我做主"的思想指导下日复一日地重复着自己的教学，教师个人所获得的教育教学经验相对比较狭隘，不够丰富与完善。而片段教学则不同，它为教师个体与幼儿园群体之间搭建了相互学习、相互交流、相互研究的平台，观摩他人的说课，也会使自己更好地说好课，更好地解决大家所遇到的问题。在当下的教育教学实践中，有着一系列需要解决的问题与困惑，而这些问题和困惑，凭借教师个人的力量是难以解决的，需要通过教师群体的努力才能达成。在片段教学的过程中，教师通过展现自己的教学过程，引发其他教师对这个教学设计的思考和判断，并在相互碰撞与交流中共同完善对问题的认识和看法。

在此过程中，幼儿园年轻教师能够学习到教师群体的智慧和经验，并体验到共同研究的快乐；而幼儿园骨干教师则能够充分发挥示范带头作用，并在对话与思辨中进一步升华自己的教育理念与教学思想。这是一个共融共生，容错与融错的过程，在融入不同的观念、认识和看法的过程中达到共生共长的目的。

（三）片段教学有利于提高园本教研的实效

听评课是常规的教研活动形式，在一定的时间和地点往往只能听到个别教师的课，虽然不乏针对性，但形式单一、容量不大。片段教学比武（或观摩）不失为一种多样化、高密度、大容量的教研活动形式，而且不受教学进度、教育对象的限制，使最优化的教学片段得以展示。半天时间可安排多个教师进行片段教学，给老师们提供广泛的学习机会，极大地提高教研活动的实效。

（四）片段教学有利于提高评价教学水平的信度

众所周知，片段教学产生于说课之后，以弥补说课坐而论道的不足，这两种形式相辅相成，共同成为考核教师业务水平的重要手段之一。说课之后再通过片段教学，进一步考查教师的教育教学理论功底、专业知识掌握程度、课堂教学的调控和应变能力，进而综合评价教师的教学水平，显然远比仅凭说课定高下客观得多。二者之间又存在着相互关联与促进的关系，具备良好的说课能力是上好片段教学的前提，因为美好的、科学的蓝图是有效施工的保证；而片段教学又能更好地促进说课的完善与提升，二者相辅相成，综合合理地运用能够不断提升教师的实践智慧与理性水平。

四、片段教学的基本特性

由片段教学的概念以及片段教学与说课的异同点，可以发现片段教学具有如下几个特性：

1. 实践性。这是片段教学最基本也是最重要的特征，从本质上说，片段教学就是一次教学实践活动，是幼儿教师将自己的教学构想具体实施的过程，目的在于体现其教学设计的合理性、可行性和实效性。

2. 完整性。幼儿园片段教学基本呈现的就是一个完整的教学过程，如同平时授课那样进行施教，突出教学重点，突破教学难点，完成教学任务。所以，片段教学要有清晰完整的教学步骤。

3. 虚拟性。片段教学虽然在本质上属教学活动，但又与平时的教学活动有所不同，平时教学中的实施对象是幼儿，而片段教学面对的却是评委或同行，因此教学实施过程中带有浓厚的虚拟色彩。

4. 预设性。片段教学面对的一般都是评委或同行，不是孩子，孩子的发言、孩子的活动、师幼之间的交流等无法真实地进行，都是通过执教教师的精心预设，由教师的"我"和儿童的"我"的互动来完成教学流程。因此，只有精心预设，片段教学才能顺利进行。

5. 双重性。在课堂实施过程中，教师扮演着两种角色，既要呈现教师教的功能，又要体现幼儿的学习活动，展示师幼交流互动的过程。教师要注意角色的转换，时而是教师，时而是学生；要注意语言的转换，时而转述学生的话语，时而对学生进行表扬评价；要注意教学方法的灵活选用，做到有问有讲，有讨论有评价，有组织有互动。

6. 条理性。片段教学和平时的教学一样，要做到教学过程逻辑性强，层次清楚，同样也要突出教师的主导功能。

五、片段教学设计的基本原则

（一）教育理念要先进

理念是行为的先导，行为是理念的外在表现，任何一个行为背后总有一种理念在支撑。幼儿教师的教育教学理念支配甚至决定了幼儿教师如何设计教学过程、采取何种教学方法、创设何种教学情境等等，因此，是否具有先进的教育教学理念并贯穿于整个片段教学始终，是评判一节片段教学是否优秀的关键和前提。

1. 目标的制定上，尽量体现三维度。新课改背景下片段教学目标的确立必须是多元的，要从知识与技能、过程与方法、情感态度与价值观三个方面来设计。知识是指事实、概念、原理、规律等，技能是指动作技能以及观察、阅读、计算、调查等技能；过程与方法是指认知的过程和方法，科学探究的过程和方法，认知过程中人际交往的过程和方法，特别强调在过程中获得和应用知识，学习和运用方法；情感态度与价值观，一般包括对己、对人、对自然及其相互关系的情感、态度、价值判断以及做事应具有的科学态度、科学精神。确定教学目标的内容范围时，一定要全面考虑三个领域，不可有所偏废。《3—6岁儿童学习与发展指南》指出，儿童的身心发展是一个整体，身心发展的整体性要求幼儿园必须实施整体性教育，而整体性教育必须由整体性的课程来支持，整体性课程必须通过整体性的活动目标来实现。因此，我们设计片段教学目标时应以新课改的理念为引领，确立多元而融合的目标。

2. 目标的表述上，尽量体现儿童观。片段教学除了制定目标时要体现三维外，在表述时还应从儿童的视角来体现，从而反映出片段教学中儿童所要达到的目标。以中班美术《爸爸的领带》片段教学为例，我们可以制定出如下目标：认知目标——在和爸爸共同准备领带的过程中，欣赏各种领带的图案和色彩；能力目标——在观察、讨论的基础上，能尝试用线条组合勾勒出领带的外形，并能用自己喜欢的色彩进行装饰；情感目标——积极参与设计活动，体验给爸爸设计、制作礼物的快乐。活动目标主语的表述不仅要做到一致，而且要尽可能地以幼儿为主体，因为新课改的一个最大的特点，就是由注重教师怎样教变为更加重视幼儿"学"和"学的效果"。因此，在活动目标表述时，要把幼儿当作行为的主体，以行为目标的方式进行具体、精确地陈述，使活动目标具有较好的清晰度，保证目标的可测性，并使课程的评价有直接的"标杆"。

3. 问题的预设上，尽量体现开放性。问题是教学的核心，有了问题，思维才有方向；有了问题，思维才有动力；有了问题，思维才有创新。在片段教学中，要依据教学内容和儿童的认知及年龄特点，努力设计开放性强的问题，那些是不是、好不好、对不对等封闭性问题尽量少出现，因为开放性的问题有利于激发孩子的发散思维，推动孩子展开多角度、多方向的探索活动，获得新奇、独特的答案，从而培养孩子的创新精神。同时，问题预设时，不能太碎、太多，尽量提炼出主问题，然后在活动过程中围绕主问题，设计教学环节。如在大班语言《卖火柴的小女孩》片段教学中，教师可以预设：卖火柴的小女孩划了第几根火柴，她看到了什么，她心里是怎么想的？让幼儿围绕主问题进行讲述，这样孩子在讲述时的思路会比较清晰，语言表达也比较流畅。

4. 问题的回应上，尽量体现儿童味。片段教学问题设计除了体现开放性以外，教学问题的预设和回答还要尽量体现儿童视角，不能用一些程式化的语言来表达幼儿对问题的看法。如在大班社会《城市美容师》微型课教学中，当老师提出"你最喜欢黑板上的哪一幅图，并说说为什么"时，教师预设的答案是：老师，我喜欢第二幅图，因为图中的地面非常干净、整洁；老师，我喜欢第二幅图，因为图中的楼房非常干净、整洁等等；老师，我也喜欢第二幅图，因为图中的小河非常干净、整洁……这些答案不仅语言缺少了儿童的味道，同时表达方式也显得单调与乏味。当然，这一方面可以看出教师出示的教学挂图内容比较简单，对大班孩子来说没有挑战性，另一方面也可以看出教师对大班孩子语言的了解还不够深入。

5. 氛围的营造上，尽量体现互动性。片段教学从本质上来说，就是我和

"我"的一个对话。前面的一个我是执教老师，后面的一个"我"是执教老师所面对的儿童，但在片段教学中儿童的这个角色也必须由执教老师来完成。也就是说，在片段教学中，教师要有先知先觉的意识，要根据不同的活动内容和不同年龄阶段儿童的发展特点来预设学情，虚拟出儿童在活动中的不同表现以及存在的各种问题，并对此作出充分的预设和处置，进而在此基础上有针对性地引导和点拨。

目前在片段教学中发现，大部分教师不能很好地营造出师幼互动的良好情境，常常是一个人唱"独角戏"，课堂因为缺失了儿童的存在而显得枯燥、无味。如在大班歌唱《绿色的家》微型课教学中，我们可以预设幼儿的多种回答，并通过"回声应"的方式展现出来。如，教师可以说："刚才乐乐小朋友听到歌里面唱到了小鸟娃娃，那么佳佳你听到歌曲里面唱了什么呢？"教师停一到两秒钟后回声应："哦！佳佳小朋友听得真仔细，她还听到了歌曲里面唱到了沙沙沙的声音呢，我们一起来学一学这个沙沙沙是怎么唱的吧！"

微型课虽然是教师在没有幼儿参与的情况下进行的课堂教学，但执教老师心中一定要做到有幼儿，一切以幼儿为中心，让成人的我与儿童的"我"在课堂教学中相互交融、彼此共生，从而达到此时无"生"胜有"生"的美好境界。

（二）教学手段要丰富

3—6岁儿童好奇心强，对任何事情都充满了探究的欲望，但他们注意力也容易分散，而形式多样的教育教学手段能促进儿童主动思考，积极投入到各项活动中去。

1. 运用现代化教学手段。教育现代化的核心是人的现代化，人的媒介素养也是现代化素养的重要内容之一。众所周知，技术进步对我们的生产生活以及教育产生了深刻的影响，信息网络技术正以不可逆转的力量改变着教育的基本形态。而现代教学手段的应用水平也能反映出一个教师的教学素养与能力。很多老师在微型课教学中不知道如何使用多媒体，常常放弃了多媒体教学手段的使用，其实我们可以通过教师的语言引导来让评委知道你使用了哪些教学手段。如，"今天老师带来了一段好看的视频，我们一起来看看，这段视频中都讲了什么有趣的故事?"或者可以说"现在请小朋友到前面的大屏幕上来找找哪些小动物躲起来了"等等,营造出人机互动、人机对话等活动情境。

2. 运用游戏等多种方式。片段教学虽然是教师独立展示自己教学的过程,但也不能以讲授式教学为主,要充分发挥幼儿的主体作用,积极运用自主、合作、探究的学习方式。在课程游戏化建设的背景之下,我们更要创设游戏、生活、故事等各种情境,让幼儿在自由宽松的环境中愉快地学习,而不能满堂灌。如在大班语言《小鼹鼠过生日》片段教学中,老师对每幅图的教学基本一致:先提问,然后小结,最后幼儿跟着老师一起看图片讲故事。如果让老师说课,她会把纲要或指南中关于语言领域的内容流畅地表达出来,如幼儿的语言是在运用过程中发展起来的,教师要为幼儿创设敢说、喜欢说、愿意说,并得到积极应答的环境等等。但在实际的片段教学中,先进的理念荡然无存。(其实对于故事情节重复的语言活动,我们可以先集体讲述第一幅图片,然后把第二、三、四幅图展现在教室周围,让幼儿独自或结伴去观察、讲述图片内容。在幼儿自由讲述的基础上,再组织幼儿进行交流与分享)出现这样的情况,一方面反映了幼儿教师的整体素养还比较低,同时也反映出理念与行动之间的落差还比较大。而在大班歌唱《公鸡的鼻子哪里去了》片段教学活动中,教师没有采用传统的看图谱学习的方式,改用游戏贯穿活动始终。导入部分,老师一边唱歌曲《公鸡的鼻子哪里去了》,一边按节奏依次点击班级每个小朋友的头,歌曲结束时点到哪个小朋友,哪个小朋友就学公鸡叫。四遍歌曲后,让4个学公鸡叫的小朋友做小公鸡,和座位上的小朋友一起玩"哪只公鸡不见了"的游戏。整个活动过程,教师和幼儿都处于游戏的情境中,孩子们兴致很高,歌曲自然而然就会唱了。

（三）学科特性要把握

学科特性是我们设计片段教学时应遵循的主要依据。幼儿园教学和中小学的显著差异在于,中小学老师的专业是相对固定的,有语文、数学、英语及其他学科之分,而幼儿园教师则以主题、综合、整合教学为主,但是整合、综合不是各门学科的简单拼凑相加,而是在准确把握学科特质基础上的有机渗透和融合，其中的学科特质依然要彰显，如：语言活动中幼儿语用能力的培养，数学活动中幼儿思维能力的培养，科学活动中幼儿探究能力以及科学精神的培养等等。因此，在片段教学过程中不仅要把握好各个学科的特性，还要遵循儿童是一个整体的理念，做好融合工作。

（四）教学语言要精致

片段教学既然是教学活动，教学语言就应该准确、精致，像真实课堂上那样有声有色、富有感染力、前后连贯紧凑、过渡流畅。执教者要把听评课的老师看成是自己班上的学生，有问有讲，有读有说，用语言变化将他们带入课堂教学中，使之未进课堂却仿佛看到上课的影子，感受到课堂教学效果。也就是说，虽然片段教学不能像真实的课堂那样进行操作，但要利用教学语言让听者犹如身置课堂之中。同时，片段教学的教学情境很大程度上通过评价来体现，因此，片段教学中的评价语言也很重要，在预设时也要有针对性地予以加强，尽量少用那些"你真棒""你做得不错""你表现很好"等针对性不强的评价语。

"最好的教师是最会运用语言的人。"教师语言表达能力的强弱直接影响课堂教学的效果及教育效果。因此，在日常的活动中，要通过多读、多听、多写、多说等方式，努力锤炼自己的教学语言，提升自我的语言表达能力。

（五）课堂亮点要彰显

一节好课必然亮点纷呈，有亮点、有精彩之处才能吸引人，有亮点方显教学个性。亮点有时是层次清晰、衔接自然的教学环节；亮点有时是字字珠玑、抑扬顿挫的教学语言；亮点有时是有张有弛、动静结合的教学节奏；亮点有时是趣味盎然、充满挑战的教学情境；亮点有时是起伏有致、疏密相间的课堂结构；亮点有时是启发诱导、虚实相生的教学方法……简言之，一段语言生动的导语是亮点，一个孩子喜欢的情境是亮点，一个具有挑战性的问题是亮点，一个易于激发孩子探究兴趣的材料是亮点，孩子的精彩回答是亮点，老师适宜的点评是亮点，巧妙的课堂过渡是亮点，言有尽意无穷的结束语是亮点……大到教学的各个板块，小到教学的各个环节，亮点无处不在，无时不有。平平淡淡的片段教学无光彩可言，只有在平静湖面投掷一个个

"亮点"才会泛起涟漪波纹，才会使听课的老师或评委耳目一新，为你的好印象、好成绩锦上添花，从而引起评委的共鸣，最终获得评委的好评。

（六）已有经验要了解

幼儿的已有经验是我们设计片段教学时应遵循的重要依据。奥苏伯尔指出："假如让我把全部教育心理学仅仅归纳为一条原理的话，那么，我将一言以蔽之：影响学习的唯一最重要的因素就是学生已经知道了什么，要探明这一点，并应据此进行教学。"因此，在设计片段教学时，我们要充分考虑幼儿与片段教学主题有关的已有经验，并在此基础之上设计具有悬念和适度挑战性的教学情境。只有这样，才能促使每个幼儿在原有基础上得到相应的发展。如在中班科学《有趣的磁铁》片段教学中，教师在导入部分创设了这样一个问题情境。

老师出示磁性纽扣，提问：

"小朋友，看看这是什么？"（磁铁）

"那你们知道磁铁是用来干什么的吗？"（吸东西的）

"磁铁能够把东西吸在哪里呢？"（黑板上面）

"现在请每个小朋友到前面来，拿一个磁铁，到黑板上来吸一吸，看看你会有什么新的发现。"

老师为孩子们提供了一块木头做的黑板。

"小朋友发现了什么呢？"（吸不上去了）

"今天这个磁铁为什么吸不上去了呢？"（引导幼儿发现黑板有了变化，知道磁性纽扣能吸在磁性黑板上，但不能吸在木头做的黑板上）

在这个环节中，教师利用了孩子们已有的生活经验，即幼儿园教室里的磁性黑板，孩子们在日常生活中已经获得了磁铁能够吸在黑板上的生活经验。教师在此基础之上有意营造了一个认知冲突的情境：今天的磁铁为什么不能吸到黑板上去了？从而引发孩子们的问题意识和探究的欲望。当孩子们在操作过程中发现磁铁能够吸住铁质的物品，不能吸住木头制品、纸质品、塑料制品时，教师又提出一个问题：磁铁为什么能够吸住木头做的夹子呢？通过创设这样一个个的认识冲突，使孩子们始终处于矛盾运动中，通过不断同化与顺应，最后建构了关于磁铁的认知结构，也正是在同化与顺应的冲突与融合中，激发了孩子们探究的欲望和认知的兴趣。

（七）时间把握要得当

片段教学中，面对着专家、领导、老师，进行十几分钟的教学，不仅能考评试教人员把握教学内容，运用教学手段，组织课堂教学的能力，及时反映试教人员所具备的基础理论和专业知识水平，同时能观察试教人员的仪表仪态、行为举止、思维能力、口头表达能力、临场应变能力等，所以时间的分配及环节的把握非常重要。

六、片段教学需要注意的事项

明确了片段教学的目的与意义，知道了片段教学的基本特性，了解了片段教学设计时应该遵循的基本原则，是片段教学能够取得实效的前提和保证。但为了使片段教学取得更为显著的成绩，使应聘教师在面试环节中脱颖而出，职评教师顺利通过高级教师资格评审中的说课环节，在片段教学时，老师们还需把握好以下几点。

一是要有充分的准备。良好的心理素质，是保障片段教学成功的前提。而良好的心理素质不仅取决于教师个人的文化底蕴，还取决于教师进行片段教学前所进行的各方面的准备工作。

1. 正视心理障碍的存在。一是要告诉自己，没有哪个人上台前是不紧张的，即使是久经沙场的演讲老手。因此要坦然面对和接受自己的紧张，承认自己的紧张是正常的。而适度的紧张是成功的一半，心理学研究表明，适度的紧张可使人的反应加快，动作敏捷，记忆力增强，从而提高工作和学习效率。二是要运用积极的心理暗示，因为积极的心理暗示是自信的源泉。要告诉自己，今天的我已经做好了充分的准备，今天的我非常阳光等等。用积极的语言和自我对话，不断强化必胜的信念，让这种良好的、积极的心态成为当前的一种心境，片段教学时的紧张心理就会渐渐被淡化，被忽略。

2. 奠定广博的知识基础。"要给学生一瓢水，教师就得有一桶水。"在片段教学活动中，教师所掌握知识的广度和宽度，教师教育教学技能运用的程度，教师对教育教学新理念的理解程度不仅关系到片段教学活动的质量，也关系到幼儿教师自身的威信和在听课者心目中的地位。机会总是垂青于有准备的人，作为教师，为了提高自身的教学艺术，必须努力学习各方面的知识，提升自我的文化修养，只有这样，片段教学时才有充足的底气，才能立于不败之地。

3. 潜心准备活动的内容。这里的准备，并不是指简单机械地熟背片段教学设计。因为一旦开始逐字逐句地背诵讲稿，就很容易遗忘对面的听课对象，只顾着完成自己的说课任务，缺少了和听课对象的交流。这里强调的准备，一是对整个片段教学内容了然于胸，设计了什么开放性的问题，创设了什么教学情境等都要熟知；二是在片段教学前，可以对着镜子或家人、同伴、老师试着练习，让他们做你的"评委"，为你的片段把脉，如帮你控制时间，评价你片段教学中的语言、内容、整个教学状态等等；三是在准备的过程中，把自己的心真正沉潜下来，不仅要知道"教什么、怎么教、为什么这样教"，还要把"教什么、怎么教、为什么这样教"的课理和自己已有的各方面知识水乳交融。只有潜心做好准备，才能在片段教学时，真正达到舒缓自在、激昂跌宕的效果。

二是要有良好的仪表。《现代汉语词典》对人的仪表解释为"人的外表包括容貌、姿态、风度等"。教师这一职业对仪表则有着更为严格的要求。因为幼儿教师的一言一行对幼儿有着直接的影响，在片段教学时，幼儿教师的仪表也是评分的重要项目之一。因此，幼儿教师在片段教学时，要注意自己的着装、眼神、肢体表现等，尽量给听课者留下较好的印象。

1. 清新雅致的着装。在大多数人的眼里，幼儿教师是服装潮流的引领者，衣着比较时尚，有时候还比较另类，尤其是年轻教师。而教师选聘活动中邀请的评委，一般都是相对比较成熟的教师，也许对这种另类的着装不容易接受。因此，应聘教师在片段教学活动中，穿着打扮尽量不要标新立异（如穿吊带、低胸、露脐装，化浓妆，留过长的指甲，涂抹指甲油，披发，穿拖鞋等等），要么阳光简洁，要么端庄雅致，尽量彰显幼儿教师的职业特征。

2. 明朗真诚的眼神。"眼睛是心灵的窗户。"如果教师片段教学时眼神游离，或者目光自始至终只盯着一处，不是死盯着地板，就是看着说课稿不放，这些都会影响片段教学的成绩。因此，教师在片段教学时，要尽量和每一位评委进行眼神交流，可以和面带微笑的评委多交流，和表情严肃的评委少交流，这样既有利于自己的正常发挥，也能很好地尊重评委。教师只有与听课者进行良好的目光交流，才能让片段教学更具现场感，更具感染力。

3. 自然大方的表情。走进教室时，要自然爽朗，落落大方，不卑不亢。要根据片段教学内容进行适当的表情辅助，或激昂、或深邃、或欢快，等等。片段教学过程中，站立时身体要挺直，不要摇摆不定，不要随意地走来走去，如果说错了，也尽量不要随意吐舌头，频繁地眨眼睛或皱眉头等。距离评委的位置要适中，尽量找到和评委能够正常交流的位置。因为，太远了，会影响和评委的交流，而太近了，也不利于片段教学的正常发挥。

4. 适宜的肢体动作。除了着装、目光、表情，执教老师还要重视肢体语言。因为适当的肢体动作，不仅可以缓解执教者紧张的心理，还能释放出表达的热情，使得教学声情并茂、动静相宜。当然教学过程中要避免肢体语言矫揉造作，避免肢体语言过多或总是重复同一个动作，做到潇洒大方、自然得体。手势的收放、双肩的起落、头颈的摆动等，要因人而异，扬长避短，尽量和说课内容浑然一体，以达到最佳的教学效果。

5. 清晰的语言表达。良好的语言表达能力是教师必备的素质之一。通过片段教学，可以检验教师的书面语言与口头语言的表达能力。片段教学前教师的准备工作大多是运用书面语言，片段教学时则要将书面语言口语化。教师教学时要运用标准的普通话，语气要流畅自然，语调要抑扬顿挫，语速要快慢适中。语速太快会影响听课者的思考，语速太慢又会影响传递信息的容量。在片段教学前可以做一下测量，一般一分钟说 120 个字左右为宜。

6. 从容优雅的收尾。就像精心设计一节课的结束部分一样，片段教学也需要一个从容优雅的收尾，给评委留下良好印象。很多应聘教师由于比较紧张，教学内容一讲完，就匆匆鞠躬仓皇逃离教室，有时甚至连自己的证件等随身物品都忘记带走，这不仅显得失礼，还会影响评委对你的最终评判。因此，在片段教学结束后，最好要深呼吸，调整自己的心态，然后镇静自若地说："以上就是我今天执教的全部内容，谢谢大家，老师们辛苦了。"说完大方微笑地鞠躬，从从容容地退场，为自己的说课画上一个圆满的句号。

一堂成功的微型课，一定是让听课者有身临其境之感的课堂。在这样的课堂中，有教师的启发引导，有师幼之间、幼幼之间的问与答、评与议，就像有幼儿在场的常态课那样自然与连贯，让听课者能够充分感受到课堂上师生生命的活力。一堂成功的微型课，一定是结构完整的课堂，有教师精心设计的导入语、过渡语、总结语，做到导入简捷、重点突出、结果圆满。一堂成功的微型课，一定还是一个具有审美意蕴的课堂，教学中教师有自己独特的亮点展示，这个亮点可以是教师精妙完美的课堂结构，可以是充满游戏性、趣味性的课堂情境，可以是教师准确生动的教学语言……一堂成功的微型课的标准也许还有很多很多，期待我们每一个教师在且行且思的过程中，不断给予完善与补充。

第二章　幼儿园片段教学精彩实录
（大班上学期）

健康领域

"切西瓜"片段教学实录

陈永红

活动目标

1. 会按指令向相反方向跑，并能观察同伴的位置进行躲闪。
2. 能集中注意力玩游戏，反应灵活。
3. 体验创编合作游戏的快乐。

活动准备

经验准备：熟悉西瓜、吃过西瓜。

物质准备：适宜、安全的活动场地；示意图一张。

活动过程

一、情境导入

师：农民伯伯家的西瓜丰收了，请小朋友去吃西瓜。我们一起开着汽车出发吧！

（师幼开汽车入场）

师：西瓜地到了，好多西瓜，我们一起来摘西瓜吧。

（师幼边念儿歌边做模仿动作：大大的西瓜圆又圆，我摘一个大西瓜，抱一抱啊抱一抱，滚一滚啊滚一滚，抬一抬啊抬一抬，嗨呦嗨呦，我们一起运西瓜）

〔评析：运用情境，加上朗朗上口的儿歌，让热身运动变得简单有趣〕

二、玩"切西瓜"游戏

（一）玩"变西瓜"游戏

师：西瓜是什么形状的？

幼：圆圆的。

师：那我们能变一个大西瓜吗？

（幼儿用各种动作变大西瓜）

师：你是怎么变成一个大西瓜的？

幼₁：我身体弯着像一个大西瓜。

幼₂：我用我的两只手臂变成一个大西瓜。

师：我们的西瓜能不能变得更大一些？

幼₁：我跟小明抱在一起变成一个大西瓜。

幼₂：我们4个人手拉手变成一个大西瓜。

师：我们能不能变一个最大的西瓜呢？

（幼儿手拉手变成一个大圆圈）

〔评析：结合生活经验变西瓜，从一人变到多人变，给幼儿自主想象的空间〕

（二）了解"切西瓜"方法

师：你看过切西瓜吗？西瓜怎么切的？我们来试一试。

（幼儿模仿切西瓜）

师：老师要来切你们这个大西瓜了，看老师是怎么切的。

（老师边念儿歌边沿圈按顺序在孩子手拉手的地方拍切一下）

师：刚才老师是怎样切西瓜的？

幼₁（念儿歌）：切、切、切西瓜，我把西瓜切两半儿！

幼₂：在小朋友手拉手的地方切的。

幼₃：念一句切一下。

幼₄：按一个方向边走边切的。

师：小朋友们观察得真仔细，老师是边念儿歌，沿着圆圈边走边切的，切在小朋友手拉手的地方。

师：谁愿意来当切西瓜的人？

（个别幼儿尝试切西瓜，其余幼儿帮忙念儿歌）

〔评析：切西瓜的方法比较重要，教师直接示范帮助幼儿掌握要点，通过提问帮助幼儿理清关键点〕

（三）借助示意图，学习"切西瓜"游戏玩法

师：西瓜切开了，会变成什么样？

幼：两半儿。

师：那被切到的小朋友该怎样跑呢？

（老师出示示意图）

幼₁：分开来跑。

幼₂：相反方向跑。

师：对了，两位小朋友要分开来，向相反方向跑。谁先跑回原来的地方谁就胜利了，就可以和切西瓜的小朋友对换角色当"切西瓜的人"，游戏重新开始。

〔评析：通过示意图的解读及教师的提问讲解，幼儿很快了解了游戏规则，活动的难点得到有效解决〕

师：小朋友们，你们看懂了吗？谁愿意当切西瓜的人，我们来玩一次游戏。

师：刚才切西瓜游戏玩得怎样？

幼：儿歌念得对，切的时候一会儿快一会儿慢。

师：哦，小朋友观察得真仔细，边念儿歌边切的时候要注意节奏，"切、切、切西瓜"，念一次"切"就切一次，一共切三次；在念"我把西瓜切两半儿"时两个字切一次，共切四次。

师：在念到哪个字时两个小朋友向相反方向跑？

幼₁：在“切两半儿”时。

幼₂：在念到“半儿”时就跑。

师：对了，在念到“半儿”时，手拉手的两个小朋友被切开后马上向相反方向跑，并绕圈跑回原处。

〔评析：发现问题及时提出，让幼儿自己提出改进意见，充分尊重了幼儿，且进一步明确了游戏规则〕

师：现在我们再玩一次“切西瓜”游戏，胜利的小朋友就与切西瓜的人交换哦。（游戏3次结束，游戏进行中途教师提醒幼儿迎面碰上时注意不要撞上）

师：刚才小朋友们玩得怎样？

幼₁：第一遍儿歌念得声音不响亮，昊昊跑快了，还没念到“两半儿”他就先跑了。

幼₂：后来大家帮着一起念儿歌，声音就响亮了。切西瓜的人在切西瓜的时候很有节奏呢。

师：这次切西瓜的小朋友儿歌念得响亮，切西瓜时也注意节奏了。被切开的小朋友反应很快，跑的时候迎面碰上也能注意避让，不相互碰撞。

〔评析：在每一次的评价中，幼儿发现问题并改进，通过多次游戏、反复练习，幼儿学会了玩“切西瓜”游戏〕

三、创编儿歌，玩“切水果”游戏

（一）创编游戏儿歌与队形

师：我们除了可以切西瓜，还可以切什么水果呢？

幼：可以切哈密瓜。

师：哈密瓜是什么形状的？

幼：椭圆的。

师：那我们变一个长长的圆形吧。

师：现在我们念儿歌时怎么念？

幼：切、切、切哈密瓜，我把哈密瓜切两半儿。

师：我们一起玩“切哈密瓜”游戏，谁愿意当切瓜人？

（幼儿游戏）

〔评析：引导幼儿用其他水果替换儿歌中的西瓜，并根据水果形状变换队形玩游戏，拓展了游戏玩法，幼儿游戏积极性更高〕

（二）分组进行创编

师：我们还可以切什么水果呢？

幼₁：切梨子、甘蔗、桃子。

幼₂：切苹果、切香瓜。

师：我们分成 3 组，小组讨论商量变成什么水果，玩一玩我们自己创编的游戏。

师：刚才你们切的是什么水果？怎么玩的？

幼₁：我们切梨子，变成了一头大一头小的梨子队形。

幼₂：我们切的是甘蔗，我们是长长的。

幼₃：我们是切苹果。

〔评析：幼儿自由结伴创编游戏，给他们更多自主的空间，让游戏成为自主、自由、创造、愉悦的活动〕

（三）创编游戏动作

师：小朋友喜欢切西瓜，还会有谁喜欢切西瓜呢？

幼₁：老爷爷。

幼₂：小兔子。

幼₃：小猴子。

师：那他们会怎么走路呢？

幼₁：兔子跳着跑。

幼₂：老爷爷拄着拐杖走路。

幼₃：小猴子跑跑跳跳。

师：现在我们想想还有谁想切西瓜？看哪一组的方法多。

（幼儿分成三个小组创编游戏，并轮流展示新游戏）

师：刚才有的小组学老爷爷，有的学小兔，还有的学马儿跑，小朋友们玩得真有趣。

〔评析：在幼儿熟悉游戏后，在替换水果变换队形的基础上，以动作为拓展对象，增加活动难度与挑战性，促进了幼儿思维的发展。伴随儿歌玩游戏，将游戏玩得更尽兴〕

四、放松运动，结束活动

师：今天我们收了许多西瓜，还收了哈密瓜、梨子、苹果这么多水果，你们高兴吗？

幼：高兴。

师：我们一起来跳个丰收舞吧。

（听音乐做放松运动）

师：我们将收获的水果带回家去吧。

（结束活动）

〔评析：活动从头到尾自始至终围绕西瓜的情境展开，将游戏与情境融为一体，幼儿在游戏中发展了体能，体验了愉悦、自主、创新的游戏精神〕

"辨认安全标志"片段教学实录

徐舒楠　黄爱连

活动目标

1. 能辨认常见的安全标志。
2. 认识这些安全标志在人们生活中的作用。
3. 懂得在生活中自我防护。

活动准备

经验准备：请家长带领幼儿到马路、商场等处观察和了解有关的安全标志，并参考亲子手册《领域活动·你知道这些安全标志的含义吗？》，给幼儿介绍书中安全标志的含义。

物质准备：生活中常见的安全标志图片。

材料配套：亲子手册《领域活动·你知道这些安全标志的含义吗?》

活动过程

一、谈话导入

（引导幼儿结合生活经验，交流自己所认识的安全标志）

师：小朋友们，你们在马路边上发现了什么样的安全标志?

幼₁：我发现的安全标志是有一辆汽车，有一个斜杠把车划掉。

幼₂：我发现的是里面有一道闪电。

师：真厉害！老师再考考你们，在商场附近你们有没有发现安全标志呢?

幼₁：有，我发现的安全标志是里面有一根烟。

幼₂：我在超市电梯旁看见一个画着一只手被一根斜杠划掉的安全标志，它提醒小朋友不能把手伸到电梯里面，否则有危险。

师：棒极了！你不但发现了安全标志，还知道安全标志的含义。那老师还想问问小朋友，在我们幼儿园门口你们发现了什么样的安全标志呢?

幼₁：我发现有一个安全标志里面有个大喇叭。

幼₂：我发现的安全标志里面有斑马线。

师：我发现我们班的小朋友特别聪明，都有留心观察我们身边的一些安全标志。

（幼儿回答问题，教师对幼儿的回答给予评价）

师小结：生活中有许多常见的安全标志，小朋友们要留心观察，这些标志提醒大家可能会发生的危险，要遵守安全规则。

〔评析：生活经验是教育活动的底色与基础，从生活出发引发幼儿的学习兴趣，让他们兴致盎然地投入学习活动〕

二、展开部分

（一）引导幼儿理解安全标志的含义及作用

师：小朋友们，我们生活中这些安全标志都有不小用处，你们想不想去了解这些安全标志表示什么，又有哪些作用呢?

（二）教师出示常见的安全标志图片，引导幼儿说出其含义及作用师：小朋友们看看，老师挂了四幅安全标志的图片，哪位小朋友知道第一幅图的安全标志是什么？

幼$_1$：有一根烟。

幼$_2$：一个斜杠把这根烟划掉。

师：哦，原来你们都看到了图上画着一支烟，有一道杠把烟去掉，你们知道这个安全标志是什么意思吗？

幼：这个安全标志告诉我们这里不可以吸烟。

师：小朋友，你们真棒！这个安全标志里面有一根烟，但是里头有一道斜杠把这根烟划掉，代表着在这个地方是不能吸烟的。

师：小朋友，我们再接下去看第二幅图，你们看到了什么？

幼$_1$：我看到有个人要爬梯子。

幼$_2$：这个安全标志告诉我们不能乱爬梯子。

师：真棒！图里有一个人要爬梯子，这里也有一道斜杠划掉，说明这里不能随便攀爬梯子，否则会有危险的。

师：第三幅有哪位小朋友看明白了愿意来告诉我们大家？

幼$_1$：有个人滑倒了。

幼$_2$：走路摔倒了。

师：图上的人为什么摔倒了呢？

幼$_1$：走路没有看地上。

幼$_2$：走路蹦蹦跳跳的。

师：小朋友，你们真聪明！你们都说对了！这个安全标志上这个人摔倒了，一定是地上很滑，走路不小心，所以就滑倒了。这个安全标志告诉我们要当心地上比较滑，走路的时候要格外注意和小心，眼睛要看地板。

师：那最后一幅安全标志哪位小朋友看明白了呢？

幼：有一道闪电。

师：图上是一道闪电。那这个闪电表示什么呢？你们一般是在什么地方看见这个安全标志？

幼$_1$：我在电线杆的附近看到过。

幼₂：它表示这里有电，我们不能靠近。

师：原来你们都在电线杆附近看到过，这个安全标志是提醒路过的人们，这里有电，请不要靠近，当心触电。

师小结：有的小朋友经常出去玩，可能会看到更多的安全标志图，而有些小朋友就不太熟悉它们。这四幅安全标志图在我们的生活中用处可大了，今天咱们就来认识这四个安全标志图，把它们记住了。在不同的场合，各种安全标志图都表示不同的含义。

（三）引导幼儿找出幼儿园里有哪些地方应注意安全

师：小朋友们，通过我们刚刚认识的这些安全标志，你觉得在我们幼儿园里还有哪些地方也应该要注意安全呢？

幼₁：在幼儿园的厕所里面。

幼₂：在我们喝水的地方。

（四）指导幼儿设计和制作幼儿园的安全标志

师：小朋友们刚刚说了在我们幼儿园喝开水的地方，厕所里等地方要注意安全，那你们想不想自己设计一个安全标志？

幼：想！

师：你们想把这个安全标志设计在什么地方？

幼：我想把这个安全标志设计在厕所里。

师：为什么呢？

幼：因为厕所里面有水。小朋友如果跑着去厕所会摔倒，所以我们要在厕所里贴上安全标志，提醒大家眼睛要看地板上。

师：除了厕所，小朋友，你还想把安全标志设计在哪里呢？

幼：我想设计在喝水的地方。

师：为什么呢？

幼：因为开水很烫，有时候有些小朋友不排队，挤来挤去就会被烫到。

师：老师发现咱们班的小朋友脑瓜可聪明啦！你们说了这么多，现在动起手来，一起来设计和制作安全标志吧！

（幼儿设计和制作安全标志，教师巡回指导，为幼儿提供必要的帮助）

（五）引导幼儿相互欣赏、交流所设计的各种安全标志

师：小朋友们都设计得非常漂亮，哪位小朋友想第一个把自己设计好的安全标志展示给大家看，并说说为什么要设计这个安全标志？

（幼儿上前，并带上自己设计的安全标志）

师：你设计的是什么呢？

幼：一道闪电。

师：你想把这个安全标志贴在什么地方？为什么呢？

幼：我想把这个安全标志贴在咱们幼儿园有插头的地方，因为贴在那里可以提醒大家这个地方有电，我们不能用手去触摸。

师：这位小朋友设计得非常好，我们一起为这位小朋友鼓掌！

（六）鼓励幼儿讲述自己设计的安全标志粘贴在幼儿园合适的什么位置

师：老师看到你们画得都非常漂亮，现在请把你设计好的安全标志贴在合适的位置吧。

〔评析：从理解图示的安全标志，到寻找并理解生活中的安全标志，再到创贴安全标志，步步深入，环环相扣，循序渐进〕

三、结束部分

师小结：幼儿园里有了小朋友们设计制作的这些安全标志，就能提醒我们大家注意安全，避免发生危险。

活动延伸

请家长与幼儿一起找找家中哪些地方应注意安全，并共同设计、制作相应的安全标志。

〔评析：教育即是延伸与发展，通过小结及活动延伸，使学习活动得以巩固与拓展〕

"和快乐交朋友" 片段教学实录

陈雪梅

活动目标

1. 了解每个人都有多种的情绪，懂得感受并分享成长过程中的快乐。

2. 在快乐的活动体验中，初步学习调节自己的情绪、保持愉快的心情的方法。

活动准备

经验准备：了解一些调整不良情绪的办法。

物质准备：脸谱：高兴、生气、伤心；多媒体课件：快乐树、绘本《菲菲生气了》；音乐：《京剧脸谱》《幸福拍手歌》《琵琶语》。

活动过程

一、以变脸表演引入，调动幼儿快乐的情绪并了解人的多种情绪

（一）老师表演变脸，引导幼儿说出看到的表情

师：今天老师给你们带来一段表演，请小朋友们认真看，看看老师的脸上表情有什么变化。

师：你们看到了什么表情？

幼1：我看到生气的表情。

幼2：还有难过的表情。

幼3：我看到开心的表情。

师：什么时候会出现这些表情？

幼1：我的玩具被妈妈收走的时候我会很生气。

幼2：小朋友不跟我玩时我会很难过。

幼3：爸爸带我去动物园让我很开心、很高兴。

（二）幼儿表演变脸，感受变脸带来的乐趣

1. 根据老师的提示变出相应的表情。

师：脸上的表情有开心、难过、生气，小朋友想不想来学学变脸？

幼：想！

师：当老师说"一二三，变"时，请你们根据脸谱变出相应的表情。

2. 根据自己的意愿变出自己喜欢的表情。

师：在变脸游戏中，小朋友的脸上变出了不同的表情，现在老师想请小朋友变出自己最喜欢的表情来。

师小结：老师看到有几个小朋友变出的是生气、难过的表情，更多的小朋友都喜欢笑脸，老师也喜欢这种开心、快乐的表情。看来每个人都有好多种心情，但快乐的心情是大家最喜欢的，因为快乐是一种很开心、很舒服的感觉。

〔评析：借助变脸表演，通过变脸游戏让幼儿知道人有多种情绪，在游戏互动中调动幼儿快乐的情绪，并初步懂得快乐的心情是大家最喜欢的〕

二、借助课件"快乐树"，感受并分享成长过程中的快乐

（一）展示"不快乐树"，提出长"快乐果"的方法，激发幼儿分享彼此的快乐经验

师：老师还带来了一棵"快乐树"，可是这棵树现在不快乐，为什么不快乐呢？（因为没长出快乐果。）老师想请小朋友把你们快乐的事情、快乐的心情说给快乐树听，看看快乐树会有什么变化。

师：什么事情能够让你快乐？你的快乐是什么呢？

幼：和好朋友一起玩游戏很快乐。

师：我们一起来看看，快乐树听到小朋友说的快乐，会怎么样呢？

幼：哇，快乐树长出了快乐果。

（二）个别幼儿描述快乐，"快乐树"上长出相应的"快乐果"

师：还有谁愿意跟快乐树来分享你的快乐，说说你的快乐是什么呢？

幼$_1$：玩玩具、看书会让我很快乐。

幼$_2$：看电视让我很快乐。

幼₃：妈妈带我去游乐城玩我很快乐。

师：让我们一起来看看，快乐树又有什么变化？

幼：快乐树又长出了一些快乐果。

师：你的快乐帮助"快乐树"长出了"快乐果"，谢谢你。

（三）个别幼儿描述快乐，其他与之相同快乐的幼儿附和，"快乐树"上长出许多的"快乐果"

师：除了玩游戏会让自己快乐，还有谁的快乐与别人的不一样？

幼₁：朋友没有彩色笔，我把彩色笔借给他会让我快乐。

师：原来帮助别人会让自己快乐，谁的快乐跟他是一样的？

幼₂：过生日时与朋友一起分享会让自己很快乐。

师：原来分享也是一种快乐，是吧？

师：我们一起来看看吧，你们的快乐帮助"快乐树"长出了许多"快乐果"。

（四）幼儿相互讨论交流能够让自己快乐的事情，"快乐树"上长出更多的"快乐果"

师：老师看到还有那么多的小朋友急于分享自己的快乐，现在老师想请小朋友与身边的同伴分享自己快乐的事情。

（幼儿与同伴自由分享快乐中……）

师：快乐树听到小朋友说的快乐变得更加快乐，我们一起来看看吧。

幼：哇，树上长满了快乐果。

师小结：在小朋友的帮助下，这棵快乐树变得更加硕果累累、更加健康成长。原来快乐就在我们身边，快乐是可以分享和给予的！快乐是可以帮助我们健康成长的！

〔评析：借助快乐树并结合幼儿的生活经验，引导幼儿学会分享交流自己成长过程中的快乐，知道快乐是一件很美好的事，快乐就在我们的身边，快乐无处不在，懂得快乐是可以分享与给予的，从而使幼儿懂得保持愉快的情绪〕

三、借助绘本、联系实际，帮助幼儿了解调节情绪的方法

（一）讲述绘本故事《菲菲生气了》，帮助幼儿了解调节情绪的方法

师：在我们的生活中，除了快乐的情绪以外，还会有一些其他的情绪。我们来看看故事中的菲菲，看看发生了一件什么事。

1. 讲述前半部分，猜想菲菲调节情绪的方法。

师：现在菲菲的情绪是什么样的？

幼：很生气。

师：生气的菲菲是怎样的？这样好不好？

幼$_1$：生气是不好的，我看到生气的菲菲头上都冒火了。

幼$_2$：是啊，菲菲气得身体都快要炸了。

幼$_3$：生气时的菲菲眉毛竖起来，眼睛瞪得大大的，眼睛里都是火。

师：猜猜看，菲菲会做些什么让自己不生气？

幼$_1$：我觉得菲菲会找她的好朋友一起玩，然后就忘掉生气了。

幼$_2$：我觉得菲菲会找个地方安安静静地发呆，因为我也是这样做的。

幼$_3$：菲菲会去跑步，跑累了就忘掉生气了。

师小结：你们说得真好，生气时可以通过运动、游戏来让自己不生气。那么故事中的菲菲到底是怎么做的呢？

2. 讲述故事后半部分，了解菲菲调节情绪的方法。

师：菲菲是怎么让自己不生气的？她做了什么？

幼$_1$：菲菲跑出去哭了一会儿。

幼$_2$：菲菲跑出去看到美丽的花草，心情马上变好了。

幼$_3$：小鸟唱起好听的歌让菲菲不生气了。

幼$_4$：菲菲坐在树下看着大海，吹着风，慢慢地不生气了。

师小结：每个人都会有生气难过的时候，故事中的菲菲通过听音乐、运动、哭、亲近大自然等办法让自己不生气。因为生气是不好的情绪，所以我们要学会调整好自己的情绪，让自己每天都很快乐。

（二）联系幼儿实际，帮助幼儿学会调节不良的情绪的具体方法，保持快乐的心情

师：当你生气的时候，你会怎么办？我们来做一做，学一学。

幼₁：生气时我会跑到房间里安静地看书，这样心情就好了。

幼₂：生气时我会找好朋友聊聊天，这样心情就会好。

幼₃：生气时我会一个人玩玩具，这样就会忘记生气。

幼₄：生气时我会玩跳绳，跳累了就好了。

师小结：当你心情不好的时候，我们可以通过运动、聊天、看电视或是吃东西来使自己忘掉生气、忘掉难过。只有心情好了，才能够健康成长，只有让自己开心快乐起来，我们才能健康成长。

〔评析：不快乐了怎么办？此环节借助绘本并联系幼儿的生活实际，让幼儿了解到生气是不好的情绪，引导幼儿结合自己的生活经验说说怎样调节自己的不良情绪，教师归纳总结并帮助幼儿学会调节不良情绪的具体方法，保持快乐的心情〕

四、律动《幸福拍手歌》结束活动

师：现在让我们随音乐一起开心快乐起来吧！

"明亮的眼睛" 片段教学实录

郑丽梅

活动目标

1. 懂得眼睛在日常生活中的重要性。
2. 知道保护眼睛的主要方法。

活动准备

物质准备：黑布条，未画上鼻子的人物肖像画若干，故事《戴眼镜的小猴》，幼儿活动操作材料《健康/社会·保护眼睛》中的图片。

活动过程

一、游戏导入，激发幼儿参与活动的兴趣

（一）幼儿集体蒙眼，玩"画鼻子"游戏

师：小朋友们，我们一起来做一个游戏。你们看，这些画的主人忘记给小男孩画上鼻子了，想请你们帮帮忙，画上鼻子。可是，你们要用黑布条蒙上眼睛再来画鼻子，谁来试试呢？

幼$_1$：我来试！

幼$_2$：老师，我来试！

（二）师幼交流蒙眼画鼻子的情况和感受

师：蒙着眼睛画鼻子感觉怎么样？

幼$_1$：看不见，不知道在哪画，很着急。

幼$_2$：感觉到处都是黑乎乎的。

师：眼睛看不见了做事方便吗？

幼：看不见，做事很不方便。

师：我们的眼睛重要吗？

幼$_1$：眼睛很重要，没眼睛都看不见东西。

幼$_2$：没眼睛没办法看书。

……

师小结：眼睛在日常生活中非常重要，我们应该保护眼睛。

〔评析：本环节通过趣味性的游戏导入，在轻松愉悦的环境中引导幼儿初步了解眼睛的重要性〕

二、结合教具，讲述故事《戴眼镜的小猴》

（引导幼儿欣赏故事，回答问题）

师：小猴灰灰为什么带上眼镜？

幼：因为小猴看东西模模糊糊的，看不清。

师：运动会上，灰灰遇到了哪些烦恼？

幼$_1$：灰灰参加爬树比赛，他一爬，鼻梁上的眼镜就往下滑，灰灰就要停下来扶一下眼镜。

幼$_2$：跑步比赛时灰灰把眼镜摘掉，看不清跑道，犯规了被取消比赛资格。

师：回到家，妈妈和灰灰都说了什么？

幼：妈妈说灰灰以后可不能一个劲地看电视、玩游戏了；灰灰说他记住了，以后一定要保护好眼睛。

师小结：我们的眼睛很重要，如果没有保护好眼睛，会给我们的生活带来很多的不便。

〔评析：本环节通过一个生动有趣的故事，引导幼儿理解眼睛给我们带来方便，保护好自己的眼睛是一件非常重要的事〕

三、分组讨论保护眼睛的方法

师：我们的眼睛这么重要，我们应该怎样保护好它呢？

（一）幼儿分组讨论保护眼睛的方法，教师观察并指导

（分组讨论要求：全班分成 5 组，组长负责记录；大家一起讨论保护眼睛的方法，说时语言要完整、连贯，听时要仔细、认真。教师鼓励幼儿根据生活经验，大胆地说出自己的想法，引导幼儿从"不要"和"要"两方面进行思考、讨论）

师：你们小组讨论的结果是要如何保护眼睛？

第一小组幼$_1$：看电视时，要坐在电视正前方，不要靠太近。

幼$_2$：看电视的时间不要太长。

师：你们小组讨论后想要如何保护眼睛？

第二小组幼$_1$：看书的时间不能太长。

幼$_2$：看书时姿势要端正，不要靠太近。

幼$_3$：不要在光线太暗的地方看书。

师：你们小组讨论到其他保护眼睛的办法吗？

第三小组幼：多吃一些对眼睛有好处的食物。

师：什么食物？

第三小组幼：胡萝卜、动物肝脏等。

师：我们各组的小朋友知道这么多保护眼睛知识，真厉害！

（二）师幼集中交流讨论的结果

（老师请组长把讨论、记录好的结果贴在黑板上，并陈述自己小组讨论的

结果）

师：哪一组的小朋友先来说说要怎么来保护眼睛？

小组二：我们觉得看书时要姿势端正，不要靠太近，也不要看太久，还有不要在光线太暗的地方看书。

师：其他组的小朋友同意他们的看法吗？还有没有不同意见？

小组一：我们觉得光线太强的地方也不能看书。

小组五：同意他们的看法。

师：小朋友说得真好！其他组也来说说你们讨论的结果。

小组一：我们觉得看电视时，要坐在电视正前方，不要靠太近；看电视的时间不要太长。

师：其他组的小朋友同意他们的看法吗？还有没有不同意见？

小组二：同意。

……

师小结：小朋友们说了这么多保护眼睛的方法，有不允许做的，也有要做的。小朋友们一定要牢记在心，时刻提醒自己保护眼睛。

〔评析：本环节重点在于引导幼儿结合生活经验，讨论、记录并分享所知道的保护眼睛的主要方法〕

四、观察图片，进一步了解保护视力的正确方法

师：图片中的小朋友在干什么？他们的做法对不对呢？

幼：小朋友在用脏手揉眼睛，这是不对的。

师：为什么？

幼：因为他用很脏的手揉眼睛。

师：我们眼睛不舒服，应该怎样做？

幼$_1$：用毛巾擦眼睛。

幼$_2$：去看医生。

……

师小结：小朋友的脏手上有很多的细菌，如果用脏手揉眼睛会让眼睛生病。我们如果感到眼睛不舒服可以用干净的毛巾、手绢擦，或者请爸爸妈妈

看看，还不好的话，就去医院看医生。

师：图片上还有其他小朋友，他们做得对吗？

幼：小朋友在阳光下看书，是不对的。

师：为什么？

幼：光线太强的地方不能看书，太强的光线对眼睛不好。

师：我们班的小朋友真聪明，知道这么多保护我们眼睛的知识，希望大家今后保护好自己的眼睛。但小班的小朋友不懂得保护眼睛，老师想请我们班聪明的宝宝们，在美工区里制作一些保护眼睛的宣传小卡片送给他们，好吗？

〔评析：本环节的重点是利用图片内容，引导幼儿判断生活中该如何注意保护眼睛，并能说出保护眼睛的方法〕

活动延伸

家园共育：指导家长在家中创设有利于保护视力的良好环境，并创设《每日保护眼睛监督表》一起帮忙监督幼儿用眼护眼行为。

语言领域

"孙悟空打妖怪" 片段教学实录

丁 香

活动目标

1. 理解儿歌内容，感受传统儿歌连锁调的情趣。
2. 能根据儿歌里不同角色的特点创编简单的动作。
3. 知道对陌生人要提高警惕，有一定的安全意识。

活动准备

经验准备：幼儿看过动画片《西游记》，对《三打白骨精》这一片段有一定了解。

物质准备：唐僧、孙悟空、猪八戒、沙僧、妖婆的面具；响板、绳子；《西游记》儿歌内容图片；《西游记》片头曲；《三打白骨精》动画片视频片段。

材料配套：亲子手册《领域活动·猪八戒嘴巴长》。

活动过程

一、播放《西游记》音乐及动画片《三打白骨精》片段，激发幼儿兴趣

师：今天老师带来了一首好听的歌曲，我们一起来听一听这是什么音乐。请会唱的小朋友跟着一起唱一唱。

（师放《西游记》片头曲音乐片段）

师：这首音乐好听吗？这是什么音乐？

幼₁：《西游记》里的歌曲。

师：你们喜欢看《西游记》吗？今天老师给你们带来了《西游记》里的一个动画片段，你们看看动画片里有哪些人，讲的又是什么故事？

（师播放动画片《三打白骨精》片段）

师：《西游记》里有哪些人呢？

幼₁：孙悟空、唐僧、猪八戒、沙僧。

师：孙悟空的师父是谁？

幼₂：孙悟空的师父是唐僧。

师：唐僧的徒弟还有谁呢？

幼₃：唐僧的徒弟还有猪八戒、沙和尚。

师：动画片里讲的是《西游记》里的哪段故事呢？

幼：《三打白骨精》。

师：《三打白骨精》里又发生了什么事情呀？

幼₁：唐僧师徒去西天取经的路上遇到了骗人的白骨精，然后一齐打死了白骨精。

师：白骨精为什么能骗过唐僧和猪八戒？

幼：白骨精很坏，她一会变成漂亮的小姑娘，一会变成白发苍苍的老爷爷和老婆婆，看起来像好人，而唐僧和猪八戒又相信白骨精的话，容易上当受骗。

师：老师把动画片里的故事编成了一首好听的儿歌，你们想听一听吗？

〔评析：激情导入，调动学习情绪。在幼儿熟悉《西游记》剧情的基础上，让幼儿自由说说《三打白骨精》里的人物和故事，营造了愉快的学习氛围，激发幼儿主动学习的积极性〕

二、演示图片，学习儿歌《孙悟空打妖怪》，初步了解连锁调

（一）教师念儿歌，幼儿初步理解儿歌

（教师用响板打节奏念儿歌，幼儿理解儿歌内容，初步感知连锁调的情趣）

师：儿歌里说了什么？

（教师根据幼儿的回答，出示相应图片并启发幼儿用儿歌内容说出来）

师：唐僧去西天取经，带着哪几个徒弟？

幼：孙悟空、猪八戒、沙和尚。

师：唐僧一路上是怎么走的？请小朋友用儿歌中的话来告诉我。

幼：唐僧骑马咚那个咚。

师：你说得真好！后面跟着个谁呢？

幼：后面跟着个孙悟空。

师：孙悟空是怎么样走的？

幼：孙悟空，跑得快。

师：后面跟着个谁？

幼：后面跟着个猪八戒。

师：猪八戒长得什么样？

幼：猪八戒，鼻子长。

师：后面跟着个谁？

幼：后面跟着个沙和尚。

师：我们一起边看图片边说，好吗？

（教师示范朗诵儿歌前半段）

师：沙和尚是怎么样的？

幼：沙和尚，挑着箩。

师：后面来了谁？

幼：后面来了老妖婆。

师：为什么说老妖婆真正坏？

幼：骗过唐僧和八戒。

师：为什么说唐僧和八戒真糊涂？

幼：是人是妖分不出。

师：我们再来一起看图片说一说。

（教师和幼儿一齐朗诵儿歌后半段）

师：孙悟空是怎样打妖怪的？

幼：高高举起金箍棒。金箍棒，有力量，妖魔鬼怪消灭光。

师：为什么唐僧、猪八戒容易上当受骗呀？

幼：猪八戒很贪吃，经常吃陌生人给的东西；唐僧很善良，分不清谁是好人谁是坏人。

师：你最喜欢谁？为什么？

幼$_1$：我喜欢孙悟空，因为他爱动脑筋想办法解决困难。

幼$_2$：我也喜欢孙悟空，因为他很聪明，本领又高。

师小结：我们小朋友也要像孙悟空一样，积极动脑筋想办法解决困难，不吃陌生人的东西，不跟陌生人走等，学会自己保护自己。

（二）利用身体语言引导幼儿有节奏地一起学习儿歌

师：你们喜欢这首儿歌吗？

幼：喜欢。

师：用什么样的声音和表情，儿歌念起来会更好听呢？

幼$_1$：跺跺脚。

幼$_2$：拍拍手。

幼$_3$：耸耸肩。

师：请小朋友试一试用自己喜欢的动作来念儿歌吧。

（教师请幼儿有节奏敲打身体不同的部位来念儿歌）

师：你们能快速一点念儿歌吗？

（教师以较快速度朗诵儿歌一次，加深幼儿对儿歌的理解）

师：你们看老师带来了什么？

幼：响板、绳子。

师：你能边玩响板、绳子，边念儿歌吗？要有节奏哟！

幼₁：一边打响板，一边念儿歌。

幼₂：一边跳绳子，一边念儿歌。

（教师分别请2名幼儿示范边打响板、跳绳子边念儿歌）

师：看到他们俩玩得挺开心的，你们大家想不想玩呀？请大家挑选一个你喜欢的方法来有节奏地念儿歌。

（幼儿挑选响板、绳子、拍打身体等方式，边玩边有节奏地念儿歌）

师：你们真棒！我们现在来玩接龙游戏好吗？哪一组想先念第一句的？第二句？接下来第三句呢？

（幼儿自由发言，教师尊重幼儿的意愿进行分组）

师：好的，我们游戏开始了。拍打身体组先念第一句，打响板组接着念第二句，跳绳子组最后念第三句；然后拍身体组再重新开始念，就像接龙一样念儿歌。

（教师请幼儿挑选自己喜欢的方法再玩一遍）

（三）找出儿歌中的规律，初步了解连锁调的形式特点

师：这首儿歌念起来你觉得怎么样？有没有发现什么特别的地方？

幼₁：念起来有节奏，好听顺口又有趣。

幼₂：第一句的最后是孙悟空，第二句的开头也是孙悟空。前面一句的最后一个词是后面一句的开头。

幼₃：就像我们玩的接龙游戏一样。

师小结：对了，这首儿歌很有趣，前一句的最后一个词是后一句的开头，念起来好听顺口又有趣，就像我们玩的接龙游戏一样，这就是连锁调的特点。

〔评析：通过图谱出示、拍打节奏、接龙游戏，增加幼儿学习的趣味性，进一步体会儿歌连锁调的情趣，让幼儿的语言在运用过程中得到发展〕

三、引导幼儿分角色表演，进一步巩固儿歌内容

（一）介绍各种角色道具

师：瞧，今天老师还给你们带来了很多好玩的东西呢！看一看有什么？

幼$_1$：孙悟空的金箍棒。

幼$_2$：猪八戒的钉耙。

幼$_3$：沙和尚的箩筐。

幼$_4$：唐僧的佛珠。

幼$_5$：老妖婆的拐杖。

师：你们想不想用它们来表演儿歌呢？

幼：想！

（二）幼儿分角色选择道具表演

师：谁想来表演孙悟空、唐僧、猪八戒、沙和尚、老妖婆的？看看谁表演得更像？还有不同的动作吗？

（请幼儿根据角色的不同来示范表演动作，教师及时给予鼓励）

师：现在我请 5 位小朋友来表演儿歌，记好自己表演的角色是谁，等会儿轮到你的时候要边念儿歌边做动作哟！其他的小朋友可以一边念儿歌一边用自己喜欢的方法给他们打节奏。

（选好角色的 5 位幼儿拿好道具上前边表演边念儿歌，其余幼儿用拍打身体、打响板、跳绳子等动作来给他们打节奏）

师：还有谁也想来表演的？

（再请几位小朋友分角色表演，其他幼儿边念儿歌边打节奏）

〔评析：将儿歌教学和表演形式相结合，让幼儿身临其境，始终沉浸在童话般的意境中，幼儿边学边玩，兴致高涨，别有情趣〕

活动延伸

1. 在美工区提供相关材料，引导幼儿动手制作《西游记》里各人物的道

具、服装，学画相关人物的脸谱。

2. 在表演区引导幼儿创编动作，进行即兴表演。

3. 请家长在家利用亲子手册《领域活动·猪八戒嘴巴长》引导幼儿进一步学习连锁调儿歌。

"理发师的奇遇"（文学活动）片段教学实录

吴凤兰

活动目标

1. 理解故事内容，尝试根据故事提供的材料编构故事。

2. 愿意大胆表达自己的想法。

3. 懂得人不可貌相，不能从表面看问题。

活动准备

经验准备：请家长配合带幼儿参观理发店，观察理发或烫发的程序；事先了解狮子的本性。

材料准备：磁性黑板和教育挂图，理发店用的围裙、袖套、剪刀、梳子等道具。

活动过程

一、教师以"理发师"的扮相引入活动，激发幼儿的活动欲望

师：小朋友好，看看我是谁呀？对了，我是一名理发师，谁知道我的工作是做什么的呢？

幼₁：帮顾客理发。

幼₂：也可以卷发和拉直。

师：对了，我是专门帮顾客理发还有烫发的，我的技术可好了，大家对我做的发型都非常满意。可是昨天，我却碰到了一位奇怪的顾客和一件奇怪

的事，到底"奇怪"在哪儿呢？我们一起来听听这个故事《理发师的奇遇》。小朋友可要安静认真地听哦！

〔评析：以"理发师"的扮相引入，唤起幼儿的生活经验，与幼儿形成良好的互动，激发他们参与活动的欲望〕

二、教师结合故事挂图讲述故事，引导幼儿理解故事的主要内容

（一）教师有表情地生动地讲述故事

师：小朋友听得真认真，老师有几个问题想考考你们，看看谁最聪明。

（二）通过提问，让幼儿理解故事内容

师：狮子请理发师理发，理发师为什么感到害怕？

幼$_1$：因为狮子很凶狠，会吃人。

幼$_2$：理发师从来没有给狮子理过发。

师：理发师在理发时出了几次差错？

幼：两次。

师：小朋友的小耳朵真棒，一共出了两次差错，是哪两次呢？哪个小朋友愿意上来说说，请举手。

幼$_1$：第一次是给狮子烫发时狮子的头发着火了。

幼$_2$：第二次是给狮子剪发整理时，因为太紧张，两手发抖，把头发也理坏了。

〔评析：借助教学道具"挂图"和老师有效的提问，引导幼儿观察角色的表情与动作，帮助幼儿理解故事的主要内容，提高语言表达能力〕

三、引导幼儿讨论，加深对故事的理解

（一）讨论：如果你是理发师，你会怎么做

师：理发师看到狮子很紧张害怕，想一想，如果你是这个理发师，你会怎么做？

幼$_1$：看到狮子，我会说今天没电、没水了，不能理发，这样就可以把它骗走。

师：这个小朋友是想用说谎来支走狮子。还有谁有不一样的做法呢？

幼$_2$：我不怕，我就把它当作长发阿姨来烫发，这样就不紧张了。

师：这个小朋友是想把狮子当作人来安慰自己。

幼₃：我会偷偷打 110 报警，让警察来帮忙。

师：这也是一个不错的主意。

（二）思考：故事"奇"在哪里

师：这个故事的名字叫《理发师的奇遇》，你觉得"奇"表现在哪？谁愿意给我们说一说？

幼₁：动物也来烫发，真奇怪。

幼₂：这只狮子很善良。

幼₃：头发都理坏了也不生气。

（三）情感教育：懂得人不可貌相，不能从表面看问题

师：老师也很喜欢故事中的狮子，原本我们以为凶猛的狮子让人觉得很害怕，可这只狮子却是一只善解人意的狮子，所以我们看人不能只看表面就断定全部。

〔评析：建立和谐的讨论氛围，给幼儿充分交流的空间，加深对故事的理解〕

四、引导幼儿自由编构合理又有趣的故事情节并互相交流

师：小朋友们，狮子的短发又被剪坏后，它会怎么说呢？后来他们怎么办？请你们给故事编构一个有趣又合理的结尾，然后和旁边的小朋友一起说说。

幼₁：狮子说，理个光头也不错，这样更凉快。

幼₂：狮子会说，这样我可省事多了，以后就不要每天梳理我的毛发了。

幼₃：狮子会说，不错，这样不是更酷了嘛，以后我还会介绍我的姐妹们来你这理发。

师小结：小朋友们想出了各种不一样的故事结尾，非常合理又有创意。

〔评析：引导幼儿编构合理的故事情节，既给幼儿一个自由想象的空间，同时也有助于提高他们解决问题的能力〕

活动延伸

（在表演区投放材料供幼儿表演这个故事）

师：老师在表演区放了理发店用的围裙、袖套、剪刀、梳子，还有狮子的头饰，请你们去玩一玩，把这个故事表演出来。

〔评析：故事表演是幼儿最喜欢的活动，让幼儿在愉快的表演活动中轻松地表现自我〕

"背着蛋壳的小鸡"片段教学实录

张美娟

活动目标

1. 仔细观察画面，理解图片内容，能用恰当的词句连贯、生动地讲述。

2. 能够将自己的想象积极主动地表达出来，并初步了解动物外形特征与生活习性的关系。

活动准备

物质准备：教学图片 4 幅，"小云朵"卡片一个，幼儿每两人一套小幅图片。

活动过程

一、导入引题

师：今天，老师给小朋友带来了 4 幅图，这里面藏着一个非常有趣的故事。一起来看看吧。

〔评析：活动引入时教师运用神秘的口吻，抓住幼儿的好奇特性，充分调动起幼儿对这 4 幅图片的兴趣，为接下来的环节打好基础〕

二、引导幼儿认真观察图片并理解图片内容

（一）同时出示四幅图片，引导幼儿观察并自由讲述图片内容

师：这四幅图你们看懂了哪几幅？谁来说说？请其他小朋友认真仔细地听，听听他说的和自己想的是不是一样。

师：你是在哪幅图上看到了鸡蛋？哦，原来是在第一幅图上看到的，它在哪里遇见了谁？发生了什么事？

师：你是在哪幅图上看到了小鸡？哦，原来是在第二幅图上看到的，发生了什么事情？

师：你是在哪幅图上看到了小乌龟？哦，原来是在第三幅图上看到的，它们来到了哪里？在做什么呢？

师：你是在哪幅图上看到了小鸡和鸡妈妈？哦，原来是在第四幅图上看到的，发生了什么事？

师：刚才你们是没有顺序地看图片，现在你们会不会从第一幅看到第四幅呢？

（幼儿说完，教师点出好句和好词）

（二）引导幼儿逐一观察理解图片内容

师：这几位小朋友都说得很好，你们是不是和他们说得一样呢？现在请和老师一起来看看吧。

1. 图片一。

师：图上有谁？

师：鸡蛋可以变成什么呢？变成小鸡后它想去哪儿呢？

师：可是它现在这个样子能去吗？怎么办？

师：谁来帮助它了呀？小乌龟会怎样帮助小鸡从蛋壳里钻出来呢？

（教师鼓励幼儿模仿小乌龟的动作）

师：轻轻敲，你们觉得小乌龟会用什么轻轻敲破蛋壳呢？我们一起学学小乌龟敲敲看。

2. 图片二。

师：钻出蛋壳的小鸡是什么样子的？

师：咦，小乌龟去哪儿了？

师：为什么小乌龟要钻进壳里呢？它想告诉小鸡什么事情呢？哦，原来小乌龟的外壳是用来保护自己的呀。

3. 图片三。

师：它们来到了哪里？它们的心情是怎样的？

幼：很高兴、很开心。

师：你们是从哪里看出来的？

幼：笑眯眯、乐呵呵。

师：这么开心的两个好朋友会在做什么呢？海边这么美，要是你们和自己的好朋友来到了这里，会做些什么事情呢？

（4）图片四。

师：玩了一整天小鸡要回家了，它在哪儿遇见了谁？

师：鸡妈妈和小鸡有什么不一样的地方？

师：它们的翅膀有什么作用？

师：原来小鸡有双会飞的翅膀，遇到危险时可以飞走。

〔评析：此环节是本次活动的重点，首先教师通过同时出示图片的方式，让幼儿自由观察图片，并说说自己看懂的部分，摒弃了一开始就观察图片的形式，给予了幼儿自主阅读时间。其次，引导幼儿逐一观察理解图片内容，教师抛出的问题非常精准，并且引导幼儿将自己的生活经验融入到图片的内容里，引导幼儿充分理解和想象图片的内容，在幼儿讲述的过程中点出好词好句，为下个环节作铺垫〕

三、幼儿运用已有经验自主讲述

（一）教师提出讲述要求

师：原来这个故事这么有趣呀！现在老师请你们把这四幅图编成一个小故事，讲给旁边的小朋友听。你们两个人一组，说时要按顺序，轻轻翻，轻轻看，轻轻说。现在请小朋友们轻轻地拿起椅子底下的图片。

（二）幼儿两人一组讲述故事，教师巡回倾听，并根据幼儿讲述情况，作适当的提示

〔评析：在充分理解图片内容之后，教师为幼儿提供了小图片以两两一组相互讲述的方式进行。这样让幼儿在活动中增加了彼此交流互动的机会〕

四、引进新的讲述经验讲述——引导幼儿独立构思并用恰当的词句连贯生动地讲述

（一）个别幼儿尝试讲述

师：现在请小朋友轻轻地把图片放回椅子底下。刚才你们都说得非常好。

师：谁来把你编的故事说给大家听听？请其他小朋友认真地听，听听他编的和自己编的会不会一样。

（二）分析幼儿讲述情况，引出讲述新经验

师：刚才大家都在认真仔细地听，真是有礼貌的好宝宝。

师：故事讲完了你们最喜欢故事里的哪一句话？这句话里用了哪个词真好听？故事里哪儿也用了好听的词？

（三）出示小云朵，引出新的对话经验进行讲述

师：老师今天带来了一句话，猜猜是谁说的。"你好！请问你是我的妈妈吗？"这是谁说的呀？

师：小云朵应该放在哪幅图上呀？给谁？

师：原来是小鸡说的话，那我把小云朵放在小鸡的旁边。

（四）引导幼儿使用"小云朵"符号

师：你们觉得鸡妈妈会对小鸡说什么呢？除了这样说，还会说什么呢？

师：鸡妈妈在跟小鸡说话的时候，小鸡是怎么做的？

幼：闭上小嘴巴，很安静地听。

师：听完鸡妈妈的话，小鸡的心情怎么样？接着小鸡又会说什么呢？

师：鸡妈妈和小鸡一整天都没有见面，除了会说刚才说的话，还会说些什么呢？

师：现在老师要请两位小朋友来扮演鸡妈妈和小鸡进行对话。谁愿意来试试？

师：加上小云朵以后，这个故事有没有变得更有趣了呢？

〔评析：此环节是本次活动的重难点，采用了个别讲述的方式，培养幼儿倾听的能力及评价欣赏的能力。借用"小云朵"图片引导幼儿丰富角色对话，同时请幼儿表演对话，使得原本呆板的图片变得有活力了，幼儿更喜欢更愿意说了〕

五、巩固迁移新的讲述经验

（一）教师提出讲述要求

师：原来一个生动、有趣的故事，除了要把故事说得完整，要有动作、表情，还要加上人物的对话。现在请小朋友用我们学的这个"小云朵"的办法把这四幅图编成一个小故事，和身边的小伙伴说说吧。你们两个人一组，说时要按顺序，轻轻翻，认真看，轻轻说。现在请小朋友们轻轻地拿起椅子底下的图片。

（二）幼儿两人一组讲述故事，教师巡回倾听并根据幼儿讲述情况做适当提示

（三）请个别幼儿尝试讲述

师：谁来把你编的故事说给大家听听？待会其他小朋友要像故事里的小鸡一样安静认真地听哦。

（四）分析幼儿讲述情况，引出讲述新经验

师：你们觉得他讲得好吗？你们最喜欢他讲的哪一句话？他在这句里用了一个什么词真好听？还喜欢他讲的哪一句？

师：谁编的和他不一样？

（五）给故事取个名字

师：故事都要有名字的，你们可以把这个故事里最有趣的事情变成名字。

〔评析：在个别讲述过程中，幼儿运用"小云朵"这个媒介，使得故事更加生动有趣了。但是在两两讲述的时候一部分幼儿出现快速翻阅或是不相互讲述的现象。由于这一方式之前用过，幼儿对小图片已失去兴趣，因此教师应该在出现"小云朵"这个热点的时候直接进行个别讲述〕

六、活动结束

师：今天小朋友们讲的故事都好精彩哦，有的小朋友还没有说够。没关系，我们回到班级把这些图片贴在阅读区的墙上继续讲。

"小袋鼠旅行记"（早期阅读）片段教学实录

陈巧灼　张爱珠

活动目标

1. 认真观察，大胆表达对图画和故事的理解，能连贯说出连续图画的内容。

2. 能根据图画提供的信息，运用想象、预测等方法，理解故事的发展过程和结局，体会其中的乐趣。

活动准备

经验准备：了解生活中的一些标志，知道基本的阅读方法。

物质准备：故事 PPT、背景音乐、大小图书、笔、故事图卡等。

活动过程

一、谈话导入

师：小朋友，你们喜欢旅游吗？

幼：喜欢。

师：如果是去沙滩玩，你会带点什么呢？

幼₁：游泳衣、游泳圈。

幼₂：手机带去拍照。

幼₃：沙铲带去玩沙。

幼₄：带很多好吃的东西。

〔评析：以幼儿喜欢的旅行作为话题导入活动，提高幼儿的兴趣〕

（教师出示《小袋鼠旅行记》图书，激发幼儿阅读的兴趣）

师：观察书本封面及封底，说说你看见了什么？

幼：苹果、照相机、沙铲。

（教师引导幼儿预测猜想故事的内容）

幼$_1$：可以在沙滩上玩沙。

幼$_2$：可以用沙子做碉堡。

幼$_3$：饿了就吃苹果。

幼$_4$：还可以照很多帅帅的照片。

〔评析：让幼儿通过观察封面与封底，预测猜想故事内容，让幼儿带着自己的猜想去看书，更能激发幼儿的阅读兴趣〕

（教师揭题，理解词语"旅行"）

二、分享阅读，随故事情节的发展，组织讨论故事的前半部分

（一）阅读第 1 页，用自己的方式解读

师：小袋鼠看起来怎么样？你是怎么知道的？

幼$_1$：很高兴。

幼$_2$：去旅行很高兴，笑眯眯的。

（二）阅读 2－6 页，理解小袋鼠的心理变化过程

1. 观察小袋鼠的表情，想象它的心理活动。

师：小袋鼠怎么了？它还是笑眯眯的吗？

幼$_1$：不笑了。

幼$_2$：不高兴了。

师：小袋鼠把兜里和背包里的东西都抖落在沙滩上，发现有东西不见了，到底丢了什么东西？

幼：苹果、照相机、沙铲。

师：这时小袋鼠的心情是什么样的呢？可以用什么词来形容？

幼$_1$：难过。

幼$_2$：着急。

幼$_3$：烦人。

2. 猜想，小袋鼠这时候会怎么办？

（教师引导幼儿根据画面判断小袋鼠的想法）

幼$_1$：打电话给妈妈，请妈妈帮忙。

幼₂：自己去找回来。

幼₃：请警察叔叔帮忙。

师：小袋鼠开始想自己是怎么丢了这些东西的，大家看看 4－6 页，说说小袋鼠认为自己是怎么丢掉东西的。

幼₁：可能在公交车站弄丢了照相机。

幼₂：可能在躲避救护车时弄丢了沙铲。

幼₃：可能在躲高压电线杆时，苹果滚出来了。

3. 运用预测、推理等方法，想象故事的后续内容。

三、完整阅读，进一步感受图画书所传递的信息与情感

（一）提出阅读要求

1. 请幼儿认真观察图画，根据图画书页码，按顺序完整阅读（重点是后半部分）。

2. 在阅读的过程中，寻找图画书中隐藏的各种标志，并圈出来。

3. 阅读完后，找一个自己喜欢的画面或小动物，和同伴小声交流，说说为什么喜欢。

（二）播放轻音乐，幼儿阅读，教师指导幼儿正确的阅读方法，和幼儿小声交流

（三）阅读结束，教师提问

师：你在书中找到了哪些标志？这些标志是用来做什么的？

幼₁：打电话的标志。

幼₂：公交车站的标志。

幼₃：医院的标志。

幼₄：高压电危险的标志。

师：在生活中你还见过什么标志？

幼₁：红绿灯。

幼₂：河边"下水危险"的标志。

幼₃：灭火器的标志。

幼₄：上下楼梯靠右走的标志。

……

〔评析：将整体阅读与重点阅读相结合，启发幼儿运用已有经验，对画面内容进行大胆地想象和推测，充分激发幼儿的想象力〕

四、师幼分享故事的快乐结局，进行梳理并记录

（一）点击PPT7－13页，师幼共同了解故事转折与结局

1. 阅读7－12页。

师：小袋鼠返回原路寻找东西，当它回到公交车站时，发生了什么？小袋鼠分别见到了哪些动物，小袋鼠是怎么和它们交流的？

幼₁：在公交车站，小袋鼠遇到了小狗，小狗说："小心别再丢哦！"小袋鼠说："谢谢你，我们一起去玩吧！"

幼₂：在医院门口，小袋鼠遇到了小兔子，小兔子说："小心别再丢哦！"小袋鼠说："谢谢你，我们一起去玩吧！"

幼₃：在离电线杆不远处，小袋鼠遇到了小刺猬，小刺猬说："小心别再丢哦！"小袋鼠说："谢谢你，我们一起去玩吧！"

2. 引导幼儿表演故事的情节，使用礼貌用语交流。

3. 阅读13页，理解"今天过得可真不一般呀"的含义，知道帮助别人，认识新朋友是多么快乐的一件事情。

（二）表格记录，梳理故事逐层发生的主要情节

五、体验情感，迁移经验

（一）师幼共同探讨

师：你们去了哪些地方旅游？都带了什么东西？有没有像小袋鼠这样把东西弄丢了？要是你们的东西丢了，你们会怎么做呢？

（二）小游戏：自由扮演各种小动物，乘坐公交车去郊游

〔评析：结合小狗、小兔子、小刺猬的拾金不昧的精神对幼儿进行情感教育，提升幼儿的认知经验和艺术经验〕

活动延伸

1. 将小书、记录卡、表演头饰投放至语言区，供幼儿继续操作。

2. 收集标志图放至科学区，提升幼儿认知经验。

社会领域

"生活中的标志"片段教学实录

魏培培

活动目标

1. 通过故事了解"标志"的含义和作用。
2. 认识生活中常见的标志，能够给标志粗浅地分类。
3. 体验与同伴合作制作图书、分享标志故事的乐趣。

活动准备

经验准备：有合作制作图书的经验。

物质准备：《兔子先生去散步》故事书一本；相关动漫 VCR；标志图片若干及分类板三块；图书活页、丝带、画笔若干。

活动过程

一、欣赏故事里的"标志"，了解标志的含义

（一）猜想故事中的图案

师（出示兔子先生图画书里出现过的相关标志）：老师这里有几张图片，上面的图案像什么？可能是什么意思？

幼₁：第二张有点像我们玩的积木……嗯，还有点像小桥。

幼₂：最后一张像小雨点，也有点像我们去海边玩时溅在身上的泥点儿。

（二）看图书欣赏故事 A 段

师：这些图案到底是什么意思呢？其实它们都藏在一个有趣的故事里呢！

（出示图书，逐页翻阅）

师：就是这样一个简单但非常好玩的故事。现在你们知道这些图形是什么意思了吗？它们都是一些"标志"。

师：这是什么标志呢？

幼1：桥的标志。

师：这可是一座独木桥，兔子先生应该怎样走过去？小心翼翼，很小心很小心地走过去，我们一起来学一学。

师：兔子先生到了这里发生了什么事？兔子先生一不小心，咕噜咕噜滚下来，摔了一个大跟头。

（师幼一起表演"走独木桥""咕噜咕噜滚下来"等动作）

师：兔子先生一路上遇到的这些图形原来都是重要的"标志"，这些标志都有特别的意思，会告诉兔子先生"前面有什么""要注意什么"。

（三）师生共同讲述故事 B 段

师（出示标志）：一路上还有什么标志？图案像什么？会是什么意思呢？

幼1：这是往前走路的标志。

幼2：这是往右走路的标志吗？

师：这两个标志的意思一个是现在就往回走，另一个是继续往前走。那你们决定让兔子先生现在就回家去，还是继续往前走呢？

幼：继续往前走。

师：对了，勇敢的兔子先生当然要往前走喽！小心注意路上的标志就是了！我们一起陪着兔子先生往前走，把故事接着往下讲吧。

（出示图书，师生共同讲述故事 B 段）

〔评析：《兔子先生去散步》是一本围绕"标志"这一关键词展开的绘本故事。绘本里特殊的图画方法，让兔子先生的形象风趣、幽默，仿佛一只活泼可爱的小兔子，以为自己已经长大了，迫不及待地戴上小领带，学着爸爸的样子一本正经地出门散步，结果发生了那么多意外。这正符合生活中幼儿渴望独立，对外面的世界充满好奇和向往的心理，让幼儿倍感亲切。故事非常简单、贴近生活，在讲述"标志"意义的同时，简单的图形给了幼儿极大的想象空间，简短精练的语言也很适合大班幼儿讲述，充分满足了他们的好

奇心。因此，选择该故事作为本次活动的导入，并让其贯穿整个活动，使教学更为丰富、有趣〕

二、认识生活中的"标志"，说说标志的作用

（一）回忆看见过的标志

师：在兔子先生生活的地方有各种各样的标志，可以帮助它知道要注意什么，什么可以做，什么不可以做。你们生活的地方有标志吗？

幼$_1$：我认识停车场的标志，是字母P，我爸爸告诉过我。

幼$_2$：幼儿园门口也有停车的标志，还有汽车和自行车的标志。

师：对，汽车是机动车车道的标志，而自行车是非机动车道的标志。

（二）观看录像，了解生活中的标志

师：今天老师还带来了动画片，我们一起来看一看。（播放录像A段）录像中有哪些标志？

幼$_1$：我看到红绿灯，还有喇叭。

幼$_2$：我看到60的数字，还有40。

师：这些标志都在马路上，是大家常说的交通标志。交通标志给行人、车辆提供了指引，提醒人们遵守交通规则、注意安全。

师：这些标志都在哪里？

（播放录像B段）

幼$_1$：我看到不许吸烟的标志。还有，纸箱子上有标志、衣服上也有标志。

幼$_2$：还有厕所的标志。

师：对了，你们观察可真仔细。原来除了马路上的交通标志，我们的生活中也有各种各样的标志。

师（出示"禁止烟火""当心触电""当心滑跌""禁止吸烟"等常见标志，与幼儿逐一讨论）：这是什么标志？标志上有什么图案？你在哪里见过这个标志？它告诉我们什么？

幼$_1$：这是禁止烟火标志，它告诉我们附近有容易着火的东西，要当心火灾。

幼₂：这是当心触电，告诉我们要远离有电的地方，在家也不要玩有电的物品，因为电是很危险的。

（三）自由结伴观察标志

师：这里还有很多标志，你可以和朋友一起去看一看，向朋友介绍一下你认识的标志，不认识的可以问老师哦！

（在教室四周摆放贴有标志牌的展板）

（四）尝试给标志分类

师：请小朋友仔细看一看，这么多的标志，它们的颜色、形状一样吗？

幼₁：不一样，有红色，有黄色，还有蓝色。

幼₂：它们上面的图形也是不一样的。

师：如果请你给它们分分类，你觉得应该怎样分？

幼₁：我可以把相同颜色的放在一起。

幼₂：也可以把相同形状的放在一起，它们有的是圆形，有的是三角形。

师：你们的主意很好，这些标志图案不一样，颜色、形状也不一样，我们如果按颜色分，可以分为三类，黄色作为底色的标志，是提醒或警告我们要当心注意的，叫做"警告标志"；蓝色或绿色作为底色的标志，提示我们应该怎样做，通常叫做"提示标志"；一般画红色斜杠的标志表示禁止我们做某些事情，叫做"禁止标志"。

师：我们现在一起动手按照这个方法来给标志分分类吧！

（幼儿合作分类）

〔评析：这一环节通过回忆、讨论、观看动漫短片、自由参观展板、动手分类等多种方式来帮助幼儿"多通道"全方位了解、感知了"生活中的标志"。同时，通过合作分类，渗透分类记忆的方法，帮助幼儿更系统地掌握相关知识〕

三、运用学会的"标志"，制作新图书

（一）大胆想象兔子先生还会去哪些地方

师：兔子先生和小老鼠坐船到了海的另一边。你们猜猜，如果兔子先生来到了我们生活的城市，它会遇到哪些标志呢？

幼₁：它要去肯德基，看到红绿灯的标志，可是不知道红灯停绿灯行，被交警叔叔狠狠批评，还罚它站在路边了。

幼₂：它去上厕所，没有看清楚男孩女孩的标志，结果跑到女孩子的厕所去了，哈哈！

（二）根据想象情节设计标志，合作制作图书

师：说得真好，因为兔子先生第一次来到我们的城市，所以一定会发生很多有趣的故事。

师（出示图书活页）：你想让兔子先生去哪里？它会遇到什么标志？我们可以在这一页图书上画出来。把几个小朋友的画连在一起，就可以把兔子先生去散步的故事接着往下讲了。现在我们一起来合作，做出一本新的故事书，好吗？

师：今天我们一起制作新图书有什么要求呢？第一个要求是你要设计一个标志画在标志牌上，要简单还要特别，和其他小朋友不一样；第二个要求是画好之后要把你的标志编到兔子先生去散步的故事里，讲给你们一桌的同伴听，让他们知道你的标志是什么意思；最后，请把你们一桌五个小朋友的标志合在一起，加上封面和扉页，用丝带串成一本新的故事书。我把这三个要求的标志贴在黑板上，你们一定要注意要求哦。

（幼儿分组制作图书）

（三）欣赏大家制作的新图书，创编故事

师：你们的图书制作成功了吗？多漂亮啊！这可是你们的劳动成果，请你们在书的扉页签上名字，让别人一看就知道这本书是谁做的。

师：瞧，我们又有了四本新的故事书：《兔子先生去散步2》《兔子先生去散步3》《兔子先生去散步4》《兔子先生去散步5》。漂亮吗？太棒了！你们真能干，为自己鼓鼓掌吧！里面的新故事是不是同样很精彩呢？我们先来欣赏哪一组的呢？

（幼儿分组讲述故事）

师：还有的我们拿到教室里，和其他小朋友一起欣赏吧！

〔评析："兔子先生继续往前走，咦，这是什么标志啊？噢，知道了，是

花园的标志啊，那可以去看花了，可是不能够随便摘花哦。兔子先生继续往前走，咦，这是什么标志啊？噢，是游泳池……"幼儿拿着自己制作的图书，一起绘声绘色地讲述故事。在创编故事的过程中，他们很好地运用了活动中认识的标志。可见，幼儿对标志的认识和理解已经不再停留在表面，而是真正内化成为了自己的认知。活动最后再次回到《兔子先生去散步》的故事中来，通过绘本创设的情境帮助幼儿巩固了对标志的认识，首尾呼应，情节完整，幼儿一直沉浸在故事的情境之中，和兔子先生一起学习、游戏，轻松而愉快〕

附：创编故事

兔子先生想到外面去走走。一出门，就看到路边上有块牌子，牌子上画了一幅图。兔子先生想，这是什么意思呢？不管它了，兔子先生开始往前走。咦，路边又有一幅图，这是什么意思呢？啊，知道了，是楼梯的标志。这又是什么？嗯！是桥的标志。这可是一座独木桥哦。兔子先生小心翼翼地走过去。接下来的图案是——好怪啊！哎呀呀呀！原来是"小心斜坡"的标志。兔子先生脚下刺溜一滑，就咕咚咕咚从斜坡上滚了下来，翻了个跟斗，膝盖都摔疼了。好痛啊！兔子先生疼得都哭了。又有一个奇怪的图，这个也看不懂，原来是"摔了一跤，眼泪汪汪"的标志呀。

是回家去，还是继续往前走呢？兔子先生决定继续往前走。咦，这是什么标志呢？哎呀，原来是"小心坑洞"的标志。兔子先生一不小心就扑通掉下去了。下面是小老鼠的家，兔子先生和小老鼠一起往前走。咦！这是什么标志？打开门一看，啊，知道了，是船的标志，还有海的标志。兔子先生和小老鼠一起坐上了小船。这个嘛，就是哥俩好的标志啰。

"团团圆圆过中秋"片段教学实录

周云岚

活动目标

1. 知道中秋节是中国的传统节日，初步了解节日的来历与习俗。
2. 尝试亲子制作、烘烤个性化的月饼，共同分享自制月饼。
3. 感受与同伴、老师、家长共庆佳节的快乐，体验浓浓亲情。

活动准备

经验准备：和爸爸妈妈共同搜集资料，了解中秋节的来历与习俗；参考亲子手册《中秋节快乐》内容，在家中开展观察月亮变化记录活动。

物质准备：将幼儿自带的月饼布置在活动室；月饼模具（亲子在家中提前自制好）；制作月饼所需的面皮、馅儿、碗、筷、台布、烤盘、烤箱、牙签等；拍摄月饼制作过程的录像。

环境创设：幼儿制作的灯笼秀，"会变的月亮"记录表布置在活动室；活动海报、邀请函等贴在活动室门口。

资源利用：事先与幼儿园附近的糕饼店联系好，拍摄录像，请师傅们稍作讲解；糕饼店赞助5—6把食品夹。

活动过程

一、比赛热身，"中秋节知多少"

师：小朋友，你们知道农历八月十五是什么节日吗？

幼：中秋节。

师：今天爸爸妈妈来和我们一起做游戏，你们高兴吗？让我们一起用掌声欢迎爸爸妈妈吧！为了今天活动更有序地进行，现在请小朋友和家长都戴上活动胸牌。

（亲子分组佩戴制作精美的四种颜色的活动胸牌）

师：胸牌都戴好了吧？现在请你们在 30 秒钟内按照颜色标记重新坐位置哦。

师：现在大家分成了四组，等一下比赛时看看哪一组合作得最好，表现得最棒。首先我们举行"中秋节知多少"知识竞赛活动，请每一组都认真听题，答对有奖哦！

师：第一道题，中秋节是我们中国的传统节日，是一家人团圆的日子。中秋节还有一些其他的名字，你们知道吗？

幼$_1$：丰收节。

幼$_2$：团圆节。

（给回答问题的相应组发放奖品，进一步激发孩子参与的积极性）

师：是呀，秋天来了，各种水果都成熟了，稻谷、高粱也都成熟了，所以人们又把中秋节叫做"丰收节"。

师：第二道题，中秋节是怎么来的？

（请 1—2 名家长或幼儿回答）

家长$_1$：中秋节是由古代祭祀先农的典礼演变而来的。一年丰收了，在收获庄稼之前要先祭祀先农。

家长$_2$：古时候人们把明月看做吉祥团圆的象征，因此，中秋节又叫团圆节。由于农历八月十五这一天正好在秋季的中间，所以称中秋节。

师：第三道题，中秋节有哪些习俗？

幼$_1$：中秋节要吃月饼。

幼$_2$：中秋节月亮又圆又大，一家人在一起赏月亮。

师（出示"会变的月亮"记录表）：这是谁的记录表？请你来讲述，中秋节前后月亮的变化是什么样子的？

师：第四道题，请讲一个关于中秋节的故事。

幼：我和妈妈一起讲《嫦娥奔月》的故事。

师：好呀，欢迎涵涵家庭带来的故事表演《嫦娥奔月》！

〔评析：亲子佩戴特制的活动胸牌很有仪式感，让幼儿感觉很隆重，很正式，自豪感油然而生。在"中秋节知多少"有奖竞答环节，能充分发挥家长资源的作用，在游戏的氛围中不知不觉地了解了节日来历与习俗，大大激发了幼儿参与活动的积极性，增强了竞争意识〕

二、欣赏视频，了解月饼制作过程

师：小朋友们知道中秋节要吃什么吗？

幼：月饼。

师：今天大家带来了各种各样的月饼，谁愿意来介绍一下？

（请家长和孩子共同介绍）

师：刚才我们认识了那么多从超市、商店买来的月饼，你们有没有吃过自己做的月饼呢？今天我们就和爸爸妈妈一起来自己动手做做月饼。

师：月饼是怎么做出来的呢？我们一起来看一段录像。

（播放事先在附近糕饼店拍摄的一段月饼制作过程的录像，录像最后定格在一张画有月饼制作流程的小图标上）

〔评析：通过亲子介绍，增进幼儿对各种口味、各种花样月饼的了解；播放附近糕饼店制作月饼的录像，为亲子自制月饼积累经验，同时也让幼儿体验糕点师傅的辛苦劳动。在录像最后定格为一张画有月饼制作流程的小图标，既帮助幼儿了解制作程序，也增加幼儿对自制月饼的兴趣〕

三、尝试制作，亲子共体验

师：原来做月饼也挺有趣，你们想来试一试吗？

师（介绍制作月饼需要的材料）：今天老师为你们准备了米粉、各种口味的馅儿，还有小朋友带来的各种各样的模具，你们和爸爸妈妈先商量一下，准备做什么样子的月饼。

幼$_1$：我和妈妈想做爱心月饼。

幼$_2$：我想做小兔子月饼。

幼$_3$：我想做白雪公主和七个小矮人的月饼。

幼$_4$：我带的模具是喜羊羊，我想做喜羊羊和灰太狼。

师：孩子们都和爸爸妈妈商量好了，设计的月饼都很有创意，现在就来看看谁家制作的月饼最特别。现在请小朋友带着爸爸妈妈去洗洗手，马上动手做月饼喽！

（幼儿制作月饼时，播放歌曲《爷爷为我打月饼》）

师：小朋友们真能干，月饼都做好了！现在要想办法在月饼上做上自己喜欢的标记，可以写名字，也可以刻上漂亮的花纹，标记要做得清楚一点，等会儿你们就容易找到自己做的月饼。

（亲子装饰做好的月饼并做上独特标记）

师：月饼做好了，标记画好了，现在好不好吃呢？

幼₁：现在不好吃，是生的。

幼₂：要煮熟了才好吃。

〔评析：尝试自制月饼，对许多家庭来说还是第一次，幼儿充满了期待，揉面、加馅儿、做标记，既动手又动脑，忙得不亦乐乎。在这个环节中亲子互动比较多，家长与幼儿其乐融融，画面温暖而生动〕

四、烘烤月饼，家庭综艺秀

师：是呀，月饼做好了还要放到烘烤箱里烤熟了才好吃，现在大家把月饼从模具中轻轻倒出来，放到烘盘中。

师：请小朋友们把刚才做的月饼送到烤箱去烤一烤，烤熟了才能吃。

师：烘烤月饼需要二十分钟，接下来我们将举行"中秋家家乐"庆祝活动，有请小主持人上场！

（活动前班级竞选出的两位小主持人出场）

小主持人₁：亲爱的爸爸妈妈，亲爱的小朋友们，大家中秋节快乐！今年我们邀请爸爸妈妈一起庆祝节日，大家可开心了。

小主持人₂：请看大屏幕，这是一个"快乐大转盘"，有小朋友和家长在家里排练节目的照片，有老师为我们准备的游戏菜单，现在大屏幕滚动起来，老师喊"停"，箭头指到哪里，哪一组的爸爸妈妈和小朋友就来表演节目或者做游戏。

〔评析：有些家长因为工作忙或者其他原因没能和幼儿排练节目参加活动，为照顾每个幼儿的感受，准备了节目的家庭提供照片参加"快乐大转盘"转动，没有准备节目的家庭参与现场互动游戏。在这个环节中教师是服务生，

幼儿与家长是主角，在表演节目或者参与游戏的过程中感受快乐，收获满满的幸福〕

五、分享品尝，体验亲子情

师：月饼烤熟了，我们一起闻闻看，是什么味道？

幼₁：好香呀！

幼₂：我闻到了巧克力的味道！

师：小朋友一起来看看自己做的月饼，再看看别人做的月饼。

（欣赏自制月饼，合影留念，及时上传到电子屏幕）

师：你们做的月饼老师都拍下来了，大家看一看，欣赏我们班的月饼大聚会。

师：有的小朋友迫不及待地想吃月饼了，现在就和爸爸妈妈、小朋友们共同品尝分享月饼吧，记得跟好朋友说一句祝福的话哦。

〔评析：幼儿与家长共同欣赏自制的月饼，互相学习别人好的创意；大家共同分享月饼，鼓励幼儿积极主动地交往，体验共同庆祝节日的愉悦，收获浓浓的亲情，一张张温暖的照片定格这一刻，亲子情得到进一步升华〕

活动延伸

1. 师幼共同布置"中秋节"亲子主题活动墙面，展示活动精彩花絮。

2. 在区角活动中提供彩色橡皮泥或彩色纸，让幼儿制作出不同形状、不同花纹的"月饼"。

〔评析：幼儿是环境的主人，在本次活动过后教师和幼儿共同商量布置主题墙，将精彩瞬间的照片用相框装饰，将区角活动时制作的彩泥月饼和漂亮的绘画作品有机组合，让幼儿互相讲讲活动中发生的趣事，让亲子活动成为美好的回忆〕

"环境保护靠大家"片段教学实录

唐海燕

活动目标

1. 知道环境保护的重要性，初步了解环境与人们生活之间的关系。
2. 能用较为完整的语言讲述环境保护的方法。
3. 愿意从自己做起，积极参与环保活动。

活动准备

经验准备：教师有意识地引导幼儿观察幼儿园周围的环境，了解哪些地方有垃圾，哪些地方比较干净；同时让幼儿回家后和家长一起观察家庭周围的环境卫生状况。

物质准备：多媒体课件，操作材料《爱护环境》，对比鲜明的五组图片：张贴小广告、清除小广告，保护野生动物、猎杀野生动物，垃圾混在一起堆放、垃圾分类回收，植树、乱砍树木，拿塑料袋买菜、用纸袋买菜等。

活动过程

一、倾听故事，说说小动物为什么要搬家

师：今天老师带来了一个好听的故事，我们一起来听一听故事里面讲了什么。

（教师播放多媒体并讲述故事）

师：故事讲完了，谁来说一说，故事里面的小动物为什么要搬家呢？

幼$_1$：河水太臭了，所以要搬家。

幼$_2$：河里面都是垃圾，太脏了。

师：清清的小河怎么会变得又臭又脏呢？

幼$_1$：小白兔往河里面扔吃不掉的萝卜叶子。

幼₂：小猫往河里面丢鱼骨头。

幼₃：小猴子往河里面扔香蕉皮。

幼₄：小熊往河里面扔蜜罐。

师：小朋友说得真好，小白兔、小猫、小猴子、小熊它们把用过的、吃剩下来的东西都扔到了小河里面，所以小河里面的水就变得怎么样了呢？

幼：越来越脏，越来越臭了。

师：是啊，谁都不喜欢生活在又脏又臭的地方，所以它们想搬家了。那后来小河里的水又变得怎么样了呢？

幼：小河里面的水又变清了。

师：是谁让小河里的水又变清了呢？

幼₁：是小动物们。

师：原来只要小动物们不把垃圾乱扔到小河里面去，小河里的水就不会变脏，变臭，小动物们在小河边生活也会感到非常开心和快乐。

〔评析：幼儿最爱听故事，通过故事中小河水的变化，使幼儿懂得只要不乱扔垃圾，我们周围的环境就会变得很美丽。浅显的语言、生动的形象，使幼儿在潜移默化中受到了教育〕

二、联系生活，谈谈自己周围的环境

师：刚才讲的是森林里的河水变干净了的故事，在我们生活周围，你还见到哪些地方有垃圾？

幼₁：我家旁边超市门口垃圾筒边上有垃圾。

幼₂：我家旁边的小河里面也有垃圾。

幼₃：我家小区的广场边上有垃圾。

师：那你们说的这些垃圾又是从哪里来的呢？

幼₁：是大人们扔的。

幼₂：是小朋友们扔的吧。

师：哦，有的大人、小朋友不讲卫生，乱扔垃圾，垃圾堆在一起，就会怎么样呢？

幼₁：发出臭味。

幼₂：垃圾上面还有苍蝇在飞。

幼₃：垃圾多的地方就会有细菌呢。

师：对啊，如果我们大人、小朋友都不注意卫生，到处乱扔垃圾，那我们生活的环境就会被污染，污染的环境还会影响我们的身体呢。

〔评析：从小动物联系到小朋友自身的生活，幼儿的已有经验被充分调动起来，从而进一步体验到了环境保护对自己生活的重要性〕

三、观察图片，了解保护环境的正确方法

师：今天老师还带来了一些图片，都放在前面的小展板上，你们可以自由地到前面来看一看，并说一说哪种方法更有利于保护环境。

（出示对比明显的五组图片，幼儿自由观察、交流）

师：小朋友们，图片都看完了，现在谁来说说你看了哪些图片，图片上都告诉了你什么？

幼₁：垃圾不应该混在一起，应该分开来放。

幼₂：大家应该保护小动物，不能够杀它们，它们会很疼的。

幼₃：我们应该要种很多很多的树，树多了，空气就会好。不能乱砍树，要不然小鸟它们就没有家了。

幼₄：墙上不能乱贴小广告，贴了就不漂亮了。

师：小朋友们观察得很仔细，也说得很清楚。垃圾应该分类，那应该按照什么标准来分呢？

幼：可以回收和不可以回收。

师：对了，你懂得可真多！我们除了知道垃圾要按照标准分类，我们还知道要保护动物，要和动物做好朋友；知道墙上不能乱贴小广告，小广告多了，周围的环境就不漂亮了；我们还知道要多种树，树多了，空气才会更好。这张图片你们看懂了没有呢？图片上妈妈和奶奶在干什么？

幼：市场买菜。

师：她们是用什么来装菜的呢？

幼₁：奶奶用塑料袋。

幼₂：妈妈用的是纸袋子。

师：这幅图到底想告诉我们什么呢？谁来说说看。

幼₁：应该用纸做的袋子来装菜。

幼₂：不能用塑料袋子装菜。

师：为什么说不能用塑料袋子呢？有谁知道吗？好，我们来看一段视频，看看视频里面是怎么说的。

幼₁：塑料袋污染环境，埋在地里面要很多很多年才能够烂掉。

幼₂：经常用塑料袋还影响我们的身体健康。

师：以后爷爷奶奶爸爸妈妈在菜市场买菜的时候，在超市买东西的时候，记得提醒他们用纸袋子、布袋子，还可以用篮子来装东西，最好不要用塑料袋哟。

〔评析：运用对比鲜明的图片带给幼儿强烈的视觉冲突，加深了他们对不同环保行为的认知与体验，从而提升了他们对环保行为的原有经验。宽松的交流环境，又为幼儿观察、讲述提供了良好的氛围〕

四、观看操作材料，判断图中小朋友行为的对错

师：在幼儿园、家里，或者在公共场合，我们小朋友应该怎样做才能使我们生活的环境变得更美丽呢？

幼₁：不能随便扔垃圾。

幼₂：看到掉在地上的垃圾要捡起来。

师：我们小朋友都知道要保护环境，垃圾不能随便乱扔。现在我们一起来看看，图片上的小朋友做得对不对呢？看完后，在做得对的小朋友旁边打上"√"，在做得不对的小朋友旁边打上"×"。

师：小朋友都看完了吗？好，谁到前面来说说？你觉得哪些小朋友做得比较好？哪些小朋友做得不对？

幼₁：欣欣把玩具扔了一地，小小跑来把玩具送到篓子里去了。

幼₂：明明洗手后不关水龙头就走了，阳阳看见后把水龙头关了。

幼₃：弟弟把口香糖吐在了地上，小姐姐和他说，口香糖要吐在垃圾桶里面。

师：小朋友说得不错，玩具玩好后，要整理好；洗手后要及时关水龙头，

做节约用水的好宝宝；口香糖不能吐在地上，清理口香糖可是一件很辛苦的工作呢。只要我们每个人都从自己做起，我们居住的地球就会变得越来越好。

〔评析：观察成人的环保行为最终的目的是指向幼儿自身行为的改变，良好的行为习惯必须从小开始培养。通过观察图片中不同孩子的行为表现，进一步加深了幼儿对正确的环境保护行为的体验〕

五、我当环保小卫士，做爱护环境的好宝宝

师：今天我们知道了很多保护环境的方法，刚刚有小朋友说，我们幼儿园旁边的小区里面还有一个不太干净的地方，你们想不想把它变得更干净呢？好，老师准备了小笤帚、小簸箕，还有抹布和小拖把，现在我们就来做一个环保小卫士，把我们的小区变得更美丽。好，出发！

〔评析：保护环境不能仅仅落实在口头上，"我当环保小卫士"为幼儿亲身体验创造了机会、提供了平台。通过亲自打扫幼儿园周边的环境，不仅使得幼儿体验到了环境变化之美，更体验到了清洁工劳动的辛苦，从而更加珍惜他人的劳动成果，更加爱护、保护环境〕

附：

美丽的家园

森林里有一条清清的小河，小河的水真清呀，清得能看到水里的小鱼和水底的石子。小鱼们快活地在水里游来游去，小动物们都爱在河边玩耍。

可是，不知从哪天开始，小白兔往河里扔吃不掉的白菜叶，小猴子往河里扔香蕉皮，小熊往河里扔蜜罐，小猫往河里丢鱼骨头，许多小动物把用过或吃剩下来的东西都随手扔到小河里了……小河里的水越来越脏，越来越臭了。

有一天，鱼妈妈对小鱼说："这里不能住了，我们要搬家了。"乌龟妈妈说："这里不能住了，我们也赶紧搬家吧。"羊妈妈说："小羊，河里的水不能喝了，小河生病了。"……

小动物们看看河水，互相瞧了瞧，说："原来是我们……"

于是，小动物们捞起河里的垃圾，把垃圾扔到了垃圾桶，还在小河边种上了大家喜爱的花、草、树，它们再也不乱扔垃圾了，小河又变清了，它又成了小动物们美丽的家园。

科学领域（科学）

"有趣的影子" 片段教学实录

朱鸿菊

活动目标

1. 幼儿通过找一找、变一变、演一演，获得光和影子的感性经验。
2. 感受影子的多样性以及在生活中的作用。
3. 体验科学探索的乐趣。

活动准备

经验准备：幼儿有玩影子的经验。

物质准备：白色屏幕框架 4 个；皮影道具 5 个；皮影、手影录像各一；篓子 4 只；手电筒师生人手一个；小动物图片若干；音乐《健康歌》；大投影屏幕一个。

活动过程

一、寻找屏幕上的影子，激发幼儿对影子的兴趣

师：小朋友们，这儿有我们的影子，一起来看哪！

师：挥挥手，摇摇头，我们一起来和影子跳个舞吧！

〔评析：幼儿兴奋地在大屏幕前急切地寻找自己和同伴的影子，不停地和自己的影子一起舞动，继而产生了对影子的好奇〕

二、猜一猜手影并欣赏手影录像，感知手影的神奇魅力

（一）幼儿互相讨论

师：白色的屏幕上怎么会有影子的呢？

师小结：光照在身上，身体挡住了光线，屏幕上就有了影子。

〔评析：当教师抛出问题时，幼儿七嘴八舌地表达了自己的想法，说出了"因为有光"这个大家几乎意见一致的答案，还纷纷站起来寻找发出光源的地方——投影仪〕

（二）师生做手影、猜手影，感受影子的多样性

师：光照在我的手上，屏幕上就有了手的影子。我来表演几个手影，你们来猜猜。

师：看，这是谁呢？

（教师分别用手变出小鸟、大灰狼、孔雀）

师：你们真厉害，都被你们猜到了。谁也会表演手影来考考大家？

（分别请 3—4 个幼儿演示手影）

师：你们知道为什么会有这么多不同的影子呢？

（幼儿自由讨论）

师：你们真聪明，原来手的不同姿势形成了不同的影子。

〔评析：幼儿表现得很积极，都情不自禁地跑到大屏幕前来跃跃欲试，"我也会""我来"，试着表演一番与众不同的手影动作〕

（三）观看手影录像，体验手影的神奇

师：有一位表演大师做的手影特棒，我们一起来猜猜他表演的手影是什么。

（教师放手影录像，幼儿观看）

〔评析：此环节旨在让幼儿感受手影的神奇魅力所在，幼儿被表演大师精彩的手影表演所折服，纷纷把掌声送给了表演大师〕

三、通过找一找、变一变，感知影子的变化，获得光和影子的感性经验

（一）找一找影子

师：还有许多小动物也想在白色的屏幕上找到影子，等一会儿三个小朋友一组，去找一找、玩一玩，和你的好朋友说一说，你找到了谁的影子。

（幼儿分组在小屏幕后面操作）

师：你找到了谁的影子？谁来做给大家看看？

（请3—4名幼儿操作演示）

师：你用什么办法找到小动物的影子？为什么？

幼：手电筒，因为光照在小动物的身上，小动物挡住了光线，就有了影子。

师小结：刚才小朋友们找到了小鸟、小兔和小乌龟的影子，发现光照在这些小动物身上，就被小动物挡住了光线，白色的布上就有了它们的影子。

〔评析：幼儿亲自参与操作、探究，发现原来影子形成的条件是"光"和"物"缺一不可，明白了光照在小动物的身上，小动物挡住了光线，就形成了影子〕

（二）变一变影子

师：刚才我发现了小乌龟的影子还会变戏法呢！

（教师边操作，边让小乌龟的影子分别变大变小、点点头、挥挥手、摇摇小尾巴、跳个圆圈舞……）

师：啊！这真是太神奇了！你们想不想也让小动物的影子会变戏法呢？等一会儿把发现的秘密告诉大家。

师：小朋友们，你们发现影子的秘密了吗？谁来说说，影子是怎么变戏法的？

幼$_1$：光离小动物近，影子就大；光离小动物远，影子就小。

幼$_2$：灯光不动，小动物近，影子就大；小动物远，影子就小。

幼$_3$：小动物不动，灯光离得远，影子就小；灯光离得近，影子就大。

幼$_4$：小动物和灯光一起动，小动物的影子就在跳舞了。

幼$_5$：小动物不动，灯光动，小动物的影子就在跳舞了。

幼$_6$：灯光不动，小动物动，小动物的影子就在跳舞了。

幼$_7$：小动物的头、脚、尾巴、翅膀折了一下，灯光转动，小动物的影子就像在跳舞了。

……

师小结：刚才呀，我们小朋友都发现了影子的秘密，光离小动物越近，影子就越大；光离小动物越远，影子就越小。把小动物的头、脚、尾巴、翅膀轻轻一折，随着光的移动，小动物的影子就像在跳舞了。（边说边示范）

〔评析：通过教师的设疑"怎样让影子变戏法"设下悬念，幼儿不断地猜测变戏法的秘诀。在反复操作、验证的基础上，进一步感知不同角度、不同距离光照后，影子的不同变化，继而获得光和影子的感性经验〕

四、欣赏皮影戏，演一演皮影戏，感受影子在生活中的作用

（一）欣赏皮影戏表演

师：影子除了会变戏法、跳舞，它还会演戏呢！我们一起来欣赏皮影戏。

（二）合作表演皮影戏

师（出示哥哥、姐姐形象的皮影道具）：哥哥姐姐也来表演皮影戏了，等会儿小朋友还是三个人一组，可是要分一下工，头、手、脚的道具分别由一位小朋友拿，一起合作表演。看哪一组表演得最棒？

（幼儿分组、合作表演）

师：你们想不想当一回小观众，欣赏一下小朋友表演的皮影戏呢？

（幼儿轮流当小观众，欣赏同伴的表演）

〔评析：教师别出心裁地用废旧 X 光片，制作了形象逼真的皮影道具。观看皮影戏这一环节的设计，似乎给后面幼儿的成功合作，预先搭建了"脚手架"。幼儿手拿道具，个个酷似皮影戏演员，伴随着欢快的音乐节奏，不断地在屏幕上呈现出影子的各种姿态。还通过互换"演员"与"观众"角色，体验到了合作成功的喜悦。活动中，小"观众"们不时地捧腹大笑，兴奋、激动溢于言表〕

活动延伸

1. 影子有什么用处？

（教师利用视频向幼儿介绍影子的应用）

师：今天，小朋友们玩得很开心，也知道了许多影子的秘密。古时候，人们用影子的原理发明了电影；工程师用高楼的影子计算出楼的高度；科学家用月球上山峰的影子计算出月球山峰的高度；人们还根据影子的变化，发

明了一种仪器叫日晷，通过它来告诉人们时间，太阳照在铁针上，就有了铁针的影子，人们通过这根铁针影子的变化，来判断大约是几点钟。你们猜，现在这个日晷上的时间大约是几点钟呢？

2. 影子有什么不方便呢？

幼儿讨论，教师介绍医院用的无影灯。

3. 游戏"踩影子""找一找生活中还有哪些影子"。

"玩陀螺"片段教学实录

徐朗煜

活动目标

1. 初步探索陀螺转动的稳定性与陀螺面的形状、纸质、轴位置高低等因素的关系。

2. 在操作实验中观察、比较，并能大胆交流自己的发现。

3. 体验玩陀螺的乐趣。

活动准备

经验准备：幼儿在日常生活或区域活动中已掌握陀螺转动的动作技巧。

物质准备：陀螺玩具、制作陀螺的材料人手一份（3根小木棍、1个圆形卡纸图形、1个其他形状的卡纸图形和1个圆形白板纸图形装于分类盒中）、小篮子。

活动过程

一、自由玩陀螺，了解陀螺的各种玩法

师：看，今天小朋友带来了许多不一样的陀螺，每人选一个玩一玩。

师：你的陀螺成功转起来了吗？你是怎么玩的？

幼₁：我一拧陀螺就转起来了。

幼₂：我玩的陀螺是先拧再按，陀螺弹到地上转动的。

幼₃：我玩的是奥迪双钻陀螺，一拉就转，战斗力很强。

幼₄：这个木头的陀螺是用鞭子抽的。

师小结：原来不同的陀螺有不同的玩法，可以通过抽、拉、拧、按，给它一个力让它转动起来。

〔评析：实物陀螺是由幼儿收集而来的，品种涵盖较全面，有鞭打式的、拧按式的、抽拉式的，活动从幼儿自由玩陀螺开始，让幼儿感受陀螺旋转需要力的推动，激起幼儿对探究活动的兴趣，也为幼儿接下来的探究营造了宽松的氛围〕

二、自制陀螺，尝试让不同形状的陀螺转动起来

师：陀螺好玩吗？想不想自己做一个陀螺玩一玩？看看，分类盒里有些什么材料？

幼：小木棍和图形。

师：有哪些不同的图形呢？

幼₁：两个圆形和一个三角形。

幼₂：两个圆形和一个椭圆形。

幼₃：两个圆形和一个平行四边形。

师：小木棍和图形可以帮助我们做成陀螺吗？它们分别可以做成陀螺的哪个部位呢？

幼₁：图形可以做陀螺的身体。

幼₂：就是它的攻击环。

幼₃：小木棍可以做陀螺的脚。

师：你们的比喻真有意思！那我们来试一试把它们做成不同的陀螺，让它们都转动起来！

（幼儿制作陀螺）

师：请你们分别转一转这三个陀螺，看看有什么发现？

（幼儿交流自己的发现）

幼₁：三角形的陀螺面转起来也变成了圆形。

幼₂：不过三角形只能坚持转一会儿。

幼₃：平行四边形转起来像宝剑。

幼₄：我的椭圆形怎么转不起来啊？

幼₅：圆形的陀螺转得厉害，可以攻击其他陀螺。

……

〔评析：教师一次性地为每个幼儿的分类盒里投放了三个小木棍和三张卡片纸，其中1个圆形卡纸图片、1个其他形状的卡纸图片和1个圆形白板纸图片。当幼儿看到自己亲手制作的陀螺诞生了，甚至成功转动起来了，兴奋之情溢于言表。此环节教师没有任何探究趋向的暗示，完全放手幼儿去制作、去观察、去发现，因此幼儿才有如此丰富多彩的语言来表述自己的发现〕

三、陀螺王评选，探索陀螺旋转的时间与陀螺面形状、材质的关系

师：你们的发现真多，我们做的这三个陀螺今天是要来参加陀螺王选拔赛的，怎样的陀螺可以当陀螺王？

幼₁：攻击性最强的可以当陀螺王。

幼₂：陀螺王应该是转得最稳，时间最长的。

师：如果三个陀螺里面首先要淘汰掉一个，你们会淘汰哪一个？为什么？

幼₁：我先淘汰三角形，它转的时间最短。

幼₂：我也选三角形，因为它被圆形陀螺一撞就倒了。

幼₃：我淘汰平行四边形，它比两个圆形陀螺转的时间都短。

幼₄：我知道了，它们都是有棱角的，所以转得不稳。

师：你们会观察，还会动脑筋思考了，真棒！如果盒子里没有三角形和平行四边形，你淘汰的是哪个？

幼₅：我淘汰椭圆形，它转得慢，而且一会儿就停了。

师：请小朋友们将最先淘汰掉的那个陀螺送到中间的篮子里。

师：还剩下哪两个陀螺了？都是圆形的，如果再淘汰一个，你会选择淘汰哪个？

幼：淘汰卡纸陀螺，因为它没有白板纸陀螺坚持的时间长。

师：到底是不是呢？让我们一起转动两个陀螺比一比！

师：同样都是圆形的陀螺，为什么白板纸陀螺坚持的时间长呢？你们有什么新发现？

幼₁：卡纸比较轻，转起来有些摇晃；白板纸重一点，比较稳。

幼₂：白板纸还比较厚！

师幼小结：原来重一点、厚一点的圆形陀螺比薄一点、轻一点的圆形陀螺转的时间长。

〔评析：此环节以两轮淘汰赛制选拔出陀螺王，教师首先抛出问题："怎样的陀螺可以当陀螺王？如果三个陀螺里面要淘汰掉陀螺，你们会淘汰哪个？为什么？"启发幼儿带着这样的"任务"与"材料"互动，激发起幼儿的主动探究，幼儿在做中思，思中悟，及时将已有经验进行重组、建构，进而开展有效学习〕

四、师幼陀螺 PK，进一步探索陀螺旋转时间的长短和纸面距离地面高度的关系

师：看来三个陀螺中圆形白板纸最厉害，我也做了一个，我们来 PK一下！

（出示陀螺面距离地面较高的白板纸陀螺）

师：我的陀螺怎么坚持的时间这么短？跟你们的有什么不一样？仔细看看！

幼：两个陀螺的面距离桌面的高度不同。

师：都发现了吗？这个会对旋转时间的长短有影响吗？请你们也移动陀螺面的位置试一试，看看哪个陀螺转的时间长？

（幼儿交流自己的发现）

师：比出来了吗？哪个才是今天的陀螺王呢？

幼₁：陀螺面距离桌面比较近的坚持的时间更长！

幼₂：那这个就是陀螺王啦！

师幼小结：真正的陀螺王诞生了，它就是圆形白板纸陀螺！

〔评析：淘汰劣势陀螺环节，幼儿已经探究出陀螺旋转时间与陀螺面形状、材质的关系，此环节通过师幼陀螺大 PK，最终找出真正的"陀螺王"，

幼儿发现了陀螺旋转时间的长短和纸面距离地面高度的关系，活动至此，无论是幼儿的探究之旅还是发现的愉悦情感都进入了高潮，最终达成活动目标〕

五、梳理经验，延展探究之旅

师：原来陀螺旋转的时间跟陀螺面的形状、轻重厚薄以及距离地面的高度有关系，还可能跟什么有关呢？

幼$_1$：可能跟轴所在陀螺面的位置有关。

幼$_2$：还可能跟陀螺面的大小有关。

幼$_3$：我和童童转相同的陀螺，我的转得久，他的转得时间短，我想可能跟我们用力的大小有关吧！

……

师：你们说的都有道理，这些影响陀螺稳定性的因素我们以后可以继续去研究，现在带上我们的陀螺去参加陀螺王大战吧！

〔评析：对于这节活动的最后环节，经验的梳理是必需的，然而对于影响陀螺稳定性因素的探究，甚至是更多科学现象的探究，仅仅是"在路上"。我们的探究之路无止境，这是培养幼儿带着诚挚的心追寻科学奥秘的良好习惯，也是现代科学探究精神的具体体现〕

"小电影"片段教学实录

许晨超

活动目标

1. 初步探索并尝试制作小电影玩具，对转动产生的图像合成现象感兴趣。

2. 在探索中能发现问题，大胆猜测，并感知图片方位与合成图像之间的关系。

活动准备

经验准备：幼儿已有转动吸管的经验。

物质准备：小电影玩具人手一份，纸，通心板，吸管或筷子，透明胶，双面胶，绘画工具，制作图示。

活动过程

一、出示小电影玩具，激发幼儿制作的兴趣

（一）教师出示小电影玩具

师（向幼儿出示小电影玩具）：今天我带来了一样东西，是什么？

幼$_1$：像扇子。

幼$_2$：像一根棒棒糖。

幼$_3$：像一把锤子。

师：还真像你们说的东西！我们一起来看看它是由什么构成的吧！

幼$_1$：是用一根吸管插在通心板上。

幼$_2$：通心板上还贴着画好的图案。

师：你们看得真仔细，它就是由我们生活中很常见的材料做成的。

（二）幼儿自主探索小电影玩具的玩法

师：你们知道它应该怎么玩吗？我们一起来玩一玩吧！

（幼儿自主探索，教师巡视观察）

幼$_1$：可以当做扇子扇，还很凉快。

幼$_2$：把吸管转起来会怎么样呢？

幼$_3$：哇！两面的图案会合起来，就像一棵树。

幼$_4$：我把吸管转起来会组成一艘帆船。

（三）幼儿交流探索发现，初步感知图像的合成

师：大家玩得这么开心，有什么发现吗？

幼$_1$：我的玩具可以当扇子，也可以转动，上面图案会组成一棵树！

（教师请幼儿上台示范玩法）

幼$_2$：我的也是！转得越快看得越清楚。

幼$_3$：我的玩具转起来看到的是一艘帆船，也是很快地转起来才看得清楚。

师：看来你们都发现这个小玩具的秘密了，大家再试一试，是不是转得越快，图案看得越清楚。

师幼互动小结：原来两边分开的两个图案，经过快速旋转，看上去好像合在了一起，就像一部小电影，演了一个新画面。

〔评析：本环节通过出示小电影玩具，意在调动幼儿的生活经验，激发幼儿的探索兴趣，在初步探索后感知图像的合成〕

二、操作不同的玩具，发现玩具设计中的问题，感受图片位置不同与合成不同图像之间的关系

（一）幼儿分组合作，再次操作一组玩具，找出设计合理的一组玩具

师：你们都已经会玩小电影玩具了，现在老师要考考你们，我给你们每个组发三组玩具，请你们合作玩一玩，找一找，在三组玩具中找出一组图片设计正确的玩具。

（二）引导幼儿发现问题

师：大家玩一玩，认真看一看，转动起来后会出现什么画面。

（幼儿小组合作操作，教师巡视观察）

幼$_1$：我看到一条金鱼和一个鱼缸。

师：两张图片会合起来吗？仔细瞧瞧，转动起来后上演的是什么画面？

幼$_2$：一条金鱼在鱼缸里面。

幼$_3$：我看见金鱼在鱼缸下面！

幼$_4$：我看到金鱼比鱼缸还要大，鱼缸怎么会装得下呢？

师：好多小朋友都发现了图片设计错误的地方了。

师幼互动小结：有的图片大小不合适，有的图片位置不合适。

（三）鼓励幼儿解决问题

师：你们都已经找出设计错误的图片了，那我们要怎么调整这些图片呢？

幼$_1$（拿出金鱼设计过大的图片）：金鱼太大了，我们可以把金鱼画小一点，只有比鱼缸小，金鱼才能在里面自由生活。

幼$_2$（拿出鱼缸位置偏高的图片）：金鱼离不开水，所以鱼缸要画在正中间，这样转动起来金鱼才会出现在鱼缸中。

师幼互动小结：小朋友们在玩了玩具之后都能找出设计有问题的玩具，大家也知道在设计玩具的时候应该注意两面图片的位置与大小。

〔评析：本环节重点在于引导幼儿认识图片的位置与大小对于小电影玩具的设计是十分重要的。为了鼓励幼儿自主探索，教师为幼儿提供了三组设计相似的玩具，引导幼儿在探索中将自己的发现与同伴分享、比较，发现问题，引发幼儿更深入地感受图片位置不同与合成不同图像之间的关系〕

三、幼儿制作简易的小电影玩具

（一）观察讨论小电影玩具的制作方法

师：刚才小朋友已经知道了制作小电影玩具需要的材料，那么有了这些材料我们要怎么做呢？

幼$_1$：先要把吸管插在通心板的小孔中，然后画两张和板一样大的画再贴到板的两面。

幼$_2$：吸管要插在通心板的中间。

师：你们说得真好，那我们在设计图片的时候要注意什么呢？

幼$_3$：我们在画的时候要注意位置和大小。

幼$_4$：画的时候可以边画边调整，合适了以后再贴到纸板上。

（二）幼儿制作简易的小电影玩具，感知图像合成的现象

师：现在请每个小朋友选择自己需要的材料，开始制作属于自己的玩具吧！

（幼儿自主选择材料制作玩具，教师巡视指导）

（三）分享交流自己的作品，引导幼儿发现问题并解决问题

师：你们的小电影演的是什么节目呢？

（教师请个别幼儿上台为大家演示自己制作的小电影玩具）

幼$_1$：我演的是一棵大树。

幼$_2$：我演的是海底世界。

幼$_3$：我演的是一架火箭在飞。

师：有这么多的节目啊！你们在设计图片的时候是怎么调整的呢？

幼$_1$：我第一次设计房子的时候屋顶和墙壁是分开的，我就把屋顶的位置

画低一点，后来就成功了。

幼₂：我设计的是一只小鸟站在电线上，第一次画的时候电线和小鸟都画得一样高，小鸟没有站在电线上面，第二次把小鸟画高一点，就成功了！

师幼互动小结：在设计小电影图片时需要反复调试图片，才能达到最好的效果。

〔评析：为了鼓励幼儿大胆分享自己的操作过程与发现，本环节的活动中教师给予幼儿充分的探究与表达空间，用开放式的提问，引发幼儿再次感受图片位置不同与合成不同图像之间的关系。在幼儿经过一次次的实验与验证后，不仅能让幼儿发现科学探究的乐趣，也有利于培养幼儿形成客观、严谨的科学态度〕

四、鼓励幼儿与同伴交流分享自己的小电影玩具

师：看来你们不仅会设计出有趣的节目，还会自己调整。那么现在，就请你们与其他的小朋友一起分享精彩的小电影吧。

〔评析：在与同伴交流中，幼儿不仅能够感受到不同玩具的趣味性，也能通过他人的作品激发自己的创作灵感，感受创作的趣味性〕

"种子藏在哪里"片段教学实录

杨美丽

活动目标

1. 知道植物的种子种类很多，生长在各自的果实之中。
2. 能探索发现几种常见植物的种子和其生长于植物的不同部位。
3. 乐意动手操作，探索发现的乐趣。

活动准备

经验准备：幼儿已区分过几种植物的根、茎、叶、花、果。

物质准备：丝瓜络、各种有种子的植物果实（如菜椒、苹果、玉米、花

生、丝瓜及各类豆荚）；每组 1 个小筐、1 把塑料刀、小碟子若干、1 块抹布；1 把教师用刀。

活动过程

一、引导介绍，激发兴趣

（一）幼儿介绍各自带来的植物果实，激发幼儿活动的兴趣

师：小朋友带来了这么多的果实，能不能给大家介绍你带来的是什么？它是什么样子的？

幼$_1$：我带来了苹果。

幼$_2$：我带来了香蕉和芒果。

幼$_3$：我带来了西红柿。

（二）鼓励幼儿说出植物果实的名称及特征

师：小朋友们都带来了不同的果实，有苹果、芒果等等，你们能再说说你们带来的果实是什么样子的吗？

幼$_1$：我带来了扁扁的香菇豆。

幼$_2$：我带的香蕉是弯弯的、黄色的。

幼$_3$：我带来的玉米是黄色的。

师：你们能用完整的话说说你带来的果实的样子吗？

幼$_1$：我带来了圆圆的、红红的西红柿。

幼$_2$：我带来了椭圆的猕猴桃。

师小结：小朋友真能干，不但能与大家分享你带来的果实，让大家认识不同的果实名称，而且还能完整地说出果实的样子。

〔评析：兴趣是幼儿学习的动力，是获得知识经验的先决条件，也是开启幼儿对周围世界充满好奇心的金钥匙。在活动的开始部分，让幼儿介绍各自带来的植物的果实，并说出它的名称与特征，激发幼儿兴趣，为后面启发幼儿探索种子藏在哪里作铺垫〕

二、启发探究，初步感知

（一）出示丝瓜络，引导幼儿寻找植物的种子

师：今天老师也带来了一种果实，你们猜猜这是什么？

幼₁：我觉得是黄瓜吧。

幼₂：我也见过这种果实，可我忘记了它的名字。

幼₃：我知道，是丝瓜，回乡下老家的时候看到过。

师：真厉害，这个都能猜出来！这个是丝瓜络。今年的丝瓜成熟了，我们把它摘了下来，明年，我们还想吃丝瓜，该怎么办？

幼₁：再种。

幼₂：用种子种，长出来了要浇水，拔草。

（二）讨论：丝瓜的种子藏在哪里呢

师：小朋友都想出办法，用种子再种，第二年就能吃到丝瓜，可丝瓜的种子藏在哪里呢？

幼₁：整个丝瓜络就是种子，直接拿去种。

幼₂：不对，种子藏在丝瓜络里面。

（三）教师与幼儿一同探究，初步感知植物种子的秘密

师：小朋友们说的都不一样，有的说丝瓜自己就是种子；可以直接拿去种；有的说在丝瓜络里面，现在我们切开来看看丝瓜的种子是不是藏在里面，它的种子是什么样的。

幼₁：我看到了，那个黑黑的就是丝瓜的种子。

幼₂：我也觉得是丝瓜络里面一粒粒黑色的。

幼₃：丝瓜的种子在里面，没错的。

师小结：小朋友们真能干，跟着老师一起找到了丝瓜的种子藏在果肉里。在生活中，还有许许多多的果实，它们也藏有种子的秘密，需要小朋友动动手和动动脑筋去发现哦！

〔评析：好的教学策略是科学活动的关键，在本环节中，教师采用启发式的提问方式，引导幼儿思考并讨论，激起幼儿探索的欲望，知道植物生长的秘密，初步了解丝瓜种子的生长部位，同时自然地让幼儿了解了可以用切的方式寻找植物种子的方法，为幼儿的自主操作提供了技能支持〕

三、主动探究，自主建构

（一）引导幼儿探索其他果实的种子的生长部位

师：你们带来的植物果实有种子吗？找一找它们的种子藏在什么地方？

幼₁：我觉得香蕉的种子藏在果肉里。

幼₂：四季豆的种子是里面一粒一粒的，椭圆形。

幼₃：玉米种子藏在果肉里。

幼₄：不对，我觉得玉米种子是外面一粒一粒的。

师：每个小朋友都有自己的想法，对同一种果实的种子藏的地方也有不同的意见，那我们就动动手去寻找吧！我们班的动手操作要求是什么，小朋友能不能说一说？

幼₁：保持桌面整洁。

幼₂：不大声说话，要小声讨论。

师：小朋友都能记住我们班的操作要求，今天还有一个重要的要求，使用刀子切开果实时，小朋友们要注意安全。

幼₁：我知道，不要争抢刀子，要轮流用。

幼₂：不把尖尖的刀尖对着小朋友。

（二）幼儿自由探索寻找种子，教师帮助幼儿切开部分果实或敲开部分坚果的硬壳

（幼儿分组动手操作，师巡回观察指导，给予必要的帮助）

师：刚才小朋友都动手去找了种子，能说说你找的是哪个果实的种子，是在哪里找到的吗？

幼₁：我找的是香蕉种子，我是在香蕉的果肉里找到的，一粒粒黑色的。

幼₂：我也找到了猕猴桃的种子，也是在果肉里，黑色的。

幼₃：我找了茄子和木瓜的种子，都在果肉里。

幼₄：我拨开香菇豆的壳，它的种子在壳里面。

幼₅：地瓜的种子是自己。

幼₆：玉米没有种子。

幼₇：玉米种子也是它自己。

师：小朋友们有的说玉米没有种子，有的说玉米种子是像地瓜一样，一

整个种的，现在跟着老师一起来找找。

（教师寻找幼儿有不同意见的果实种子）

师：玉米的种子藏在哪里？

幼₁：玉米有种子，就是外面一粒粒的。

幼₂：没错，玉米的种子不是像地瓜一整个就可以种。

师：小朋友都找了不同果实的种子，那这些种子是什么样的？像什么？

幼₁：我觉得火龙果和猕猴桃的种子都是小小的黑色的，就像芝麻一样。

幼₂：玉米的种子一粒粒，像我们的牙齿一样。

幼₃：木瓜的种子圆圆的，黑色，像一粒黑豆。

师小结：果实的种子真有趣，有的藏在果肉里，有的藏在果壳里，还有的在果实外，而且不同果实的种子长得各不相同。种子的颜色、形状、大小都不一样，种子真有趣！

〔评析：对于幼儿来说，材料既是引发他们探究的刺激物，又是他们主动建构对周围物质世界认识的中介。在这一环节中，幼儿动手操作，自主探索各种植物的种子生长部位，并总结经验，实现活动目标〕

四、动作感知，加深认识

（一）出示各种果实的种子图片，引导幼儿观察种子是怎么排列的

师：小朋友刚才都找到了不同果实的种子，老师再来考考你们，这是什么果实？它的种子藏在哪里？是怎么排的？

（教师逐一出示图片，幼儿回答）

幼₁：这是猕猴桃，它的种子藏在果肉里，种子围成了一圈。

幼₂：这是玉米，它的种子一排一排的很整齐。

幼₃：我知道，这是香菇豆，它的种子藏在果壳里，三颗一排排着。

（二）引导幼儿用动作来表现各种果实种子的排列方式

师：你们都能说出不同果实种子藏的不同部位，也知道它们的种子是怎么排的，那能不能来扮演一种果实的种子，用动作来学一学种子是怎么排列的？

（幼儿分组合作表演）

师：刚才小朋友都与同伴合作表演了一种果实的种子，请你们分组来排排，其他小朋友来猜猜。

幼₁：我知道第一组排的是猕猴桃的种子，他们围成了一圈。

幼₂：我知道第二组排的是玉米种子，他们排成了一排一排的。

师小结：小朋友真能干，不但发现了不同果实种子的生长部位，也能用动作来表现种子的排列，同时还发现不同的植物种子排列也是不一样的。有的一颗挨着一颗，有的是对称排列，有的是围成圆圈，还有的一排挨着一排。

〔评析：科学活动相对枯燥乏味，固定的探索方式会使幼儿对活动不感兴趣，甚至不愿参与。在本环节中，教师引导幼儿用动作来表现种子排列的方式，动静交替，使幼儿与同伴合作表现种子排列的方式，且始终快乐地、积极地参与〕

五、交流分享，拓展经验

（引导幼儿进一步思考）

师：自然界很奇妙，小朋友在发现不同种子的排列中，有什么新发现吗？

幼₁：有的种子数量多，有的少。

幼₂：种子的颜色也不一样。

师小结：不同植物的种子，它们排列的方式不一样，种子的数量和颜色也不一样，有的种子数量多，有的种子数量少。

〔评析：在《指南》说明部分提出："重视培养幼儿良好的学习品质。"在引导幼儿认识植物种子的生长部位和排列方式的同时，也应培养幼儿不断探索的品质。与同伴分享，拓展幼儿已有的探索认知，这也是科学学习的核心〕

活动延伸

1. 区域活动：在操作区提供各种从小到大的种子，让幼儿进行夹豆子的游戏，促进幼儿小肌肉的发展。

2. 家园共育：请家长帮助幼儿收集各种有种子的植物或水果，以丰富幼儿有关种子的知识经验，还可以买一些种子食品给幼儿品尝。

科学领域（数学）

"学习自然测量"片段教学实录

林慧丽

活动目标

1. 喜欢参与测量活动，乐意运用自然测量的知识来解决所碰到的问题。

2. 能自主选择工具，测量物体的长短，初步认识测量工具与测量结果之间的关系，并且初步学习正确的测量方法。

3. 在动手动脑的活动中激发探究精神。

活动准备

经验准备：认识物体的长短。

物质准备：尺子、吸管、铅笔、绳子、回形针等；记录表每人一份，记号笔每人一支。

环境创设：打扮教室。

活动过程

一、教师以"打扮教室"的话题引入，激发幼儿的测量兴趣

师：今天风和日丽，阳光明媚，天气真好。小朋友们都穿上了好看的衣服，我们的幼儿园也将要打扮一新，我想给这里的小桌子做一个漂亮的布桌套，也给它们穿上漂亮合身的衣服，你们喜欢吗？可是设计师们不知道我们的桌子有多长有多宽，该怎么办呢？你们能不能帮设计师们想出既简便又比较准确的方法呢？

幼：用尺子量，用手量……

〔评析：创设切近幼儿的情境，激发兴趣，引导幼儿从生活实际出发，解决问题，让他们兴致勃勃地投入学习〕

二、尝试测量，学习测量的方法

师：小朋友们介绍了这么多的方法，现在我们自己来试试看。

（一）第一次测量：幼儿自选一种量具进行测量，教师指导，量好后，请幼儿用笔和纸记录下来

师：请小朋友们选择一种量具进行测量，你觉得怎么量会比较准确呢？把你量的方法和结果记录下来，等一会儿我们再来交流交流。

（幼儿交流自己刚才的测量方法与结果，比较谁的排列最合理）

师：为什么同样的测量工具测同样的物品结果会不一样呢？

师：谁先来说说，你是用什么测量的，怎么量，结果是什么？

幼$_1$：我是用尺子量的，一下一下量，结果是量了 5 次多一点点。

师：有没有谁也是用尺子量的，但结果跟他不一样？

幼$_2$：我也是这样量的，结果是 4 次。

师：这样的测量结果真是为难设计师傅了，因为没有一个准确的答案，我们的小桌布套就会不合身，怎么办呢？

师：老师在这里告诉大家一个测量小机密，请大家认真看——找准起点，沿边线测量，首尾相接，用铅笔做下记号，一个接着一个量。记住我们的测量小机密了吗？

（二）第二次测量：用不同的工具测量，巩固测量方法，学习测量记录并发现结果大小与量的关系

师：老师这里还请来了一些测量伙伴，看看有谁？

幼：尺子，吸管，铅笔，绳子，回形针。

师：对了，这些测量小伙伴就是来协助我们帮助设计师完成任务的。大家有没有信心？

幼：有。

师：真棒！接下来我们以两个小朋友为一组，选择不同的测量伙伴，用我们的测量小机密帮设计师做一次正确的测量，并把结果记录下来，好吗？

幼：好。

师：我们来认识一下今天的记录卡，物品是桌子，测量工具有尺子、吸

管、铅笔、绳子、回形针，接下来要记录的就是桌子的长和宽，用尺子量，长度记在长度这栏，宽度记在宽度这栏，明白了吗？

（三）幼儿两两尝试测量，教师指导方法

（四）发现问题：为什么工具不同测量的结果不一样

师：好了，用了这么多的测量伙伴，现在我们来看看测量结果，有没有发现什么秘密？用尺子量才 5 次，用回形针量要二十几次，我们看看，尺子跟回形针谁长？谁短？

（引导幼儿发现测量的结果和工具的长短有关，工具越短用的次数越多，工具越长用的次数越少）

〔评析：观察记录活动是幼儿学习成长的必经途径，通过幼儿自我尝试，师幼互相启发，在此基础上掌握方法，并且自由探索，发现规律，贯穿学习活动的全过程〕

三、尝试用不同的工具测量教室里的其他物品

（一）讨论：还有什么也可以当测量的工具

（二）我们身体的哪些部位也可以当测量工具

（教师引导幼儿用手臂，手掌，手指，脚去测量）

（三）发现问题：测量大的物品应选择大的测量工具，测量小的物品应选择小的测量工具

师：好了，小朋友们真了不起，你们开动脑筋，用勤劳的小手帮设计师解决了他的难题，你们真是好样的！为了感谢大家，设计师说要免费帮我们的黑板、窗户、小椅子、小书本设计花边。你们先想象一下，什么物体该选择什么测量工具能更快地测出长度呢？想好了开始测量。测量大的物品应选择大的测量工具，测量小的物品应选择小的测量工具。

〔评析：引导幼儿进行拓展，开拓思维，巩固新知，提升认识〕

四、以"去设计师的厂里参观"随音乐自然结束

师：大家兴致真高，都是爱动脑筋的好孩子，回到家里后，也可以用我们所学的测量小机密量家里的物品。

师：小朋友们帮设计师解决了难题，设计师为了感谢大家，准备请小朋

友们去他的厂里参观参观。我们大家穿上鞋，手拉手，一个一个上火车，出发了……

活动延伸

尝试用不同的工具测量生活中的物品。

"认识球体"片段教学实录

黄秀梅

活动目标

1. 初步感知、了解球体的主要特征。
2. 比较、发现球体和圆形的不同。
3. 乐于表达自己的发现。

活动准备

物质准备：海洋球、乒乓球、小皮球、光盘、木头圆片、硬币若干、笔和记录表，球体、圆形的标志，插有标志的篮子若干。橡皮泥等手工材料每人一份。

环境创设：圆圆世界——摆放乒乓球、小皮球、海洋球等各种球体物品及大小不一的木头圆片、光盘、硬币等。

活动过程

一、导入活动

（一）以"圆圆世界"导入活动，引发幼儿探索的兴趣

师：今天，老师要带小朋友进入一个"圆圆世界"，去观察一下"圆圆世界"里的东西都有什么特点。

（二）引导幼儿在"圆圆世界"里边玩边探索，重温圆的特征

师：圆圆的世界里都有些什么东西？

幼₁：有乒乓球、皮球、光盘。

幼₂：还有玻璃球、圆木头片、硬币。

师：它们都有什么特点？

幼₁：它们都是圆圆的。

幼₂：大小不一样，但都能滚。

师小结：小朋友们的眼睛真亮！都发现"圆圆世界"里的东西都是圆的，都会滚。

〔评析：《指南》科学领域中强调"在尊重儿童认知发展的前提下开展数学教育"，对幼儿而言，行动和经验是学习数学的最佳手段〕

二、展开活动

（一）第二次进入"圆圆世界"，感知球体和圆片的不同特征

师："圆圆世界"里的东西都是圆圆的，请你们把记录表格里画的圆圆的物品，摸一摸、滚一滚、玩一玩，并且把玩的结果记录下来。发现滚来滚去不会倒的就在这个图示下面画"√"，滚了一会儿就倒的画"×"。

（二）幼儿对物品进行看、摸、滚，教师观察、引导幼儿把玩的结果记录下来

（三）结合记录，交流玩的结果

师：你玩的是什么？有什么发现？

幼：我把记录表上画的东西都玩了一遍，我发现乒乓球、玻璃球、皮球滚来滚去都不会倒下来，硬币、光盘、木头片滚一会儿就会倒下来。

师：除了滚来滚去有些不会倒，有些会倒，你们还发现了什么？

幼₁：我发现硬币摸上去扁扁的，平平的，而乒乓球摸上去鼓鼓的，放在手心里手要圆起来才能抓得住。

幼₂：我发现光盘只能往前后两个方向滚，皮球可以任意方向滚。

幼₃：硬币看上去只有一个圆形，而乒乓球不论从哪个角度看过去都是圆形的。

教师小结球体特征：原来像乒乓球、小皮球这样不管从哪个方向看都是

圆的，摸起来鼓鼓的，会朝任何方向滚动的物体，有一个共同的名字叫"球体"。

（四）玩游戏"球体、圆形找家"：区分球体和圆形

师：老师给你们准备了很多东西，请你找找哪些是圆形，哪些是球体，并把它们放在不同的篮子里。

师：我们班的宝贝们真厉害，全都分对了。那么你们在日常生活中还看到过哪些东西是球体，哪些是圆形物品？请小朋友们说一说！

（五）引导幼儿找一找生活中的球体物品

幼$_1$：有龙眼、葡萄、汤圆、妈妈项链上的珠子。

幼$_2$：足球、台球、排球也是。

幼$_3$：我们生活的地球也是！还有地球仪。

师：小朋友们真棒！能说出这么多是球体的物品。

（六）幼儿制作汤圆和饼干

师：小朋友，现在我们来当厨师，制作美味的汤圆和饼干吧！你们说说，这两种食物谁是球体，谁是圆形？

幼$_1$：汤圆是球体，饼干是圆形。

幼$_2$：汤圆是鼓鼓的，每个方向都是圆的，饼干是扁扁平平的，正反两面看才是圆的。

师：说得真好，现在我们大家一起动手做汤圆和饼干吧！

〔评析：始终以幼儿为主体，让幼儿在玩一玩、摸一摸、看一看、找一找、说一说、做一做等环节去探索、去发现球体的特征，并认识了生活中一些球体的物品，从而调动了每位幼儿思维的积极性〕

三、结束活动

师：这个活动玩得开心么？

幼：开心！

师：我们还认识了一个新图形，叫什么？

幼：球体。

师：它和圆形有什么不一样？

幼：不管从哪个方向看都是圆的，摸起来鼓鼓的，会朝任何方向滚动。

师小结：真棒！球体就是不管从哪个方向看都是圆的，摸起来鼓鼓的，会朝任何方向滚动。

活动延伸

请小朋友回家后和爸爸妈妈一起找找生活中还有那些物品是球体。

〔评析：源于生活的数学教育会让幼儿在生活中根据观察或发现的事物积极动脑筋思考，培养了幼儿的逻辑思维能力〕

"认识单双数"片段教学实录

吴懿娴

活动目标

1. 初步理解单数与双数的含义。
2. 学习区分 10 以内的单数和双数。

活动准备

物质准备：带有数字的"萝卜筐""小萝卜""小汽车"等师幼人手一套。

活动过程

一、情境导入，学习"分萝卜"

师：兔先生种的萝卜丰收了，想请小朋友帮忙把一大堆的萝卜分成一小筐一小筐的，我们一起去帮帮兔先生吧！

幼：好的。

（一）提出"分萝卜"要求

师：这么多的萝卜，乱七八糟地堆放着，可不好运，也不知道需要几辆车来运。兔先生准备了一些有数字的"萝卜筐"，请你们按"萝卜筐"上的数字排放"萝卜"。你们排的时候要注意把"萝卜"两个两个像好朋友一样排一排，"萝卜筐"上的数字是几，就在里面排放几个"萝卜"。

（二）幼儿操作，教师巡回观察幼儿是否两个两个排一排

〔评析：兴趣是幼儿产生学习动机的重要因素，请幼儿帮助兔先生整理"萝卜"，让幼儿轻松进入学习状态〕

二、交流分享，初步理解单双数的含义

（一）提问、交流

师：你们帮助兔先生把"萝卜"都装好了，现在请你们把"萝卜筐"按从1—10的顺序排好，看看你发现了什么，告诉大家。

幼：我发现萝卜变整齐了，不乱了。

师：它们两个两个像好朋友一样摆放，摆到最后有什么不一样吗？

幼：摆到最后有的"萝卜筐"里两个两个排得刚刚好，有的"萝卜筐"里还剩下一个，没有朋友。

师："萝卜筐"里两个两个排得刚刚好的数有哪些？

幼：2、4、6、8、10。

师："萝卜筐"里两个两个排后还剩下一个的数有哪些？

幼：1、3、5、7、9。

（二）师幼互动

师：有的"萝卜"两个两个排在一起，排到最后一个也不剩，如2、4、6、8、10，这些数有一个共同的名字，叫"双数"；有的"萝卜"两个两个排在一起，排到最后还剩下1个，如：1、3、5、7、9，这些数也有一个共同的名字，叫做"单数"。

〔评析：这一环节是本次活动中幼儿与操作材料的首次互动，操作任务简单明了，使幼儿体验到了发现的乐趣和获得新经验、新知识的快乐〕

三、玩"萝卜装车"的游戏，巩固10以内的单双数；再次小结、交流

（一）将"萝卜筐"装上车

师："嘀嘀嘀——"汽车开来了，我们要把装好的一筐一筐的"萝卜"装到车上。请你们把单数的"萝卜筐"放在车子的上层，把双数的"萝卜筐"

放在车子的下层。

（二）再次操作，区分单数与双数

（三）读出单数、双数

师：小朋友把"萝卜筐"都放到车上了，请你们把上层单数的"萝卜筐"的数字读出来。

幼：1、3、5、7、9。

师：再把下层双数的"萝卜筐"数字读出来。

幼：2、4、6、8、10。

师幼小结：单数有1、3、5、7、9，双数有2、4、6、8、10。

〔评析：这是本次活动的难点，通过操作材料互动，有效地梳理了幼儿获得的经验〕

四、以"车队运萝卜"游戏，复习10以内的单双数

（玩法：让幼儿根据自己的车牌号分成单、双两车队，教师检验后出发，将"萝卜"运到兔先生家）

师：现在我们要把"萝卜"运到兔先生家去，先请小朋友看看自己的车牌号是单数还是双数。

幼$_1$：我的车牌号8是双数。

幼$_2$：我的车牌号3是单数。

幼$_3$：我的车牌号4是双数。

……

师：车牌号是单数的小朋友把车开到这边，车牌号是双数的小朋友把车开到那边。请司机们有序地把车停好，我来检查一下，看看你们是不是排对了。都排好了，我们出发吧！

（音乐）

〔评析：数学与生活是相融的，数学在生活中无处不在，来源于生活的事物更容易让幼儿理解与接受，易于使师幼之间形成互动，引导幼儿主动去观察、去操作、去发现、去构建自己的知识和经验，实现了教育在生活中的延伸，体验了本次活动的教育价值〕

活动延伸

生活活动：在日常生活中，根据幼儿的号数以单双数的形式排队、分组或活动，巩固幼儿对单双数的认识。

艺术领域（音乐）

"老狼"（音乐游戏）片段教学实录

王桂云

活动目标

1. 能根据音乐节奏，创编和表现老狼的动作与神态。
2. 能与同伴合作游戏，自信表演。
3. 喜欢参与音乐游戏，体验玩游戏的快乐。

活动准备

经验准备：幼儿已了解大灰狼习性，能用身体动作与表情表现动物凶狠的样子；学过歌曲《小羊儿》。

物质准备：PPT：音乐《老狼》、图片。场地安排：幼儿座位——秧田式（座位之间适当分开，前后左右空出一定的距离，以便幼儿游戏时移动位置）。

活动过程

一、游戏导入

师：咩咩咩，小羊宝宝们，跟着妈妈到草地上去吃草喽！

（播放歌曲《小羊儿》）

师幼：小羊咩咩叫妈妈，母羊咩咩也叫他，跟着妈妈一道去，吃饱早回家。

师：小朋友，听！什么声音？好像谁来了？

（播放音乐旋律第一段）

幼$_1$：可怕的声音！

幼$_2$：好像是大老虎！

幼$_3$：像是大灰狼！

师：快快跟妈妈躲起来！躲到哪里呢？

幼$_1$：桌子下面。

幼$_2$：椅子后面！还可以躲到妈妈的背后！

师：好吧！快躲好！

（播放狼的声音：小羊呢？怎么不见了？哎，我还是到别的地方去找找吧）

〔评析：用幼儿熟悉和喜爱的音乐游戏导入，及时唤醒幼儿，激发他们参与活动的热情，为引出"老狼"歌曲作铺垫〕

二、展开部分

（一）倾听歌曲第一段，引导幼儿感受音乐表现的老狼的形象

师：你们猜一猜到底是谁呢？仔细听一听就知道了！

师：是谁呀？

幼：是老狼。

师：这是一只什么样的老狼？

幼$_1$：瘦瘦的老狼，脚也很长。

幼$_2$：眼睛会发绿光，很可怕！

师：是啊，非常凶狠的老狼，你能学一学老狼的样子吗？

幼$_1$：伸出尖尖的爪子，啊呜！啊呜！

幼$_2$：瞪大眼睛，咚咚咚咚！一下子抓住小动物！

师：现在，我是一只小羊，你们都是那只凶狠的狼，一边听音乐，一边来找我，开始！

（幼儿听好歌词，根据歌词自由表现老狼）

师：啊，太可怕了，我还是赶快躲起来吧！

〔评析：师幼合作，幼儿扮演狼，教师配合扮演弱小的羊，利用歌词提示幼儿表现狼凶狠的样子，创设角色情境让幼儿大胆、自由地表现〕

（二）倾听歌曲第二段，想出对付老狼的办法

师：可恶的老狼，瘦瘦的老狼，最想干什么？

幼1：想吃小羊。

幼2：想吃小动物。

师：我们想什么办法对付老狼呢？

幼1：让猎人来把它抓起来。

幼2：挖一个陷阱，让老狼掉进去。

师：一起来听听歌里是怎么唱的。

（幼儿听歌曲第二段）

幼：是请黑猫警长帮忙，开枪打老狼的。

师：不过，黑猫警长用的可是麻醉枪，教训教训老狼，不能打死它。

师：大家又是怎样对老狼说的？我们一起再来听一遍。

幼1：老狼，不许欺负小羊！

幼2：要不然，我去叫黑猫警长把你抓起来。

师：小朋友看，那只老狼又来了，我们一起用响亮的歌声和动作把它吓跑，好吗？

师幼齐唱：老狼老狼，不许你欺负小羊，要不然，我去叫黑猫警长，把你抓起来，给你一枪，给你一枪，给你一枪，叭叭叭叭叭。

〔评析：这一环节，教师特别强调黑猫警长用的是麻醉枪，只是教训教训老狼而已，对幼儿进行环保教育，知道爱护大自然，保护动物，不能随便打死老狼〕

（三）师幼共同游戏，享受游戏乐趣

1. 师生第一次分角色游戏。

师：变变变，变变变，变出一群乖乖的小羊。瞧，它就在你的面前，在哪儿呢？

师：对了，小椅子就是小羊，你会怎样保护你的小羊呢？

幼₁：抱抱小羊。

幼₂：亲亲它，摸摸它。

师：现在，我们一起来玩一个老狼的游戏。老师先来扮演老狼，小椅子是可爱的小羊，小朋友，你们扮演谁呢？

幼₁：我们来做黑猫警长吧！

幼₂：我们做猎人，开枪打老狼。

师：游戏开始了。老狼来了，老狼老狼，身体瘦瘦脚儿长，眼睛斜斜发绿光。

师：当唱到"不许你欺负小羊"时，你要怎样保护小羊？

师：当唱到"要不然，我去叫黑猫警长"时，赶快转到椅子的背后，掏出你的枪对准老狼。

师：游戏开始，听好歌曲。老狼先要出场了。黑猫警长准备好了吗？

幼：准备好了。

〔评析：椅子作为小羊，让每个幼儿可以对应找到一只小羊，和它近距离接触，幼儿会感到特别亲切〕

2. 师生第二次游戏，区分不同方向开枪，表现老狼狼狈的样子。

师：老狼不停地跑来跑去，黑猫警长怎么开枪呢？

幼₁：一会儿朝左开枪，一会儿朝右开枪。

幼₂：还会在上面开枪，在下面开枪。

师：现在老师唱歌，你们听节奏朝不同的方向开枪，好吗？"给你一枪"——上面，"给你一枪"——左边，"给你一枪"——右边。

师：老狼听到枪声，会怎么做呢？

幼₁：逃跑。

幼₂：喊救命。

师：枪打到屁股上了，老狼会怎么做？怎么说？

幼₁：会抱住屁股。

幼₂：哎呀，我的屁股好疼啊！

师：枪还会打到老狼的哪里呢？它又会怎么做，怎么说呢？

幼₁：抱住头，我的头好疼啊！

幼₂：摸摸腿，哎哟，我的腿疼死了！

师：现在请一位小朋友做老狼，我们其他人做黑猫警长，一起来唱"给你一枪，给你一枪，给你一枪"。老狼每一枪换一个地方。

（师幼一起表演）

师：最后一句"叭叭叭叭叭"，老狼会怎么样呢？

幼₁：被打晕过去了。

幼₂：吓死了，不动了。

师：是的，黑猫警长的麻醉枪会让老狼晕倒，一动也不动了。

3. 师生完整游戏。

师：请三个小朋友和我一起做老狼，其他小朋友做黑猫警长。记住了，朝不同方向开枪，老狼被打中哪里，就要摸哪里，最后一句唱完，倒下不动，大家听好音乐。

4. 幼儿尝试不同的角色完整游戏。

师：现在请男孩做老狼来表演。

师：接下来女孩做老狼，男孩是黑猫警长。

5. 增加角色，玩表演游戏。

师：知道吗？森林里又跑来了许多的小动物，都是老狼喜欢吃的，会有谁呢？

幼₁：小猫，小狗，小猴。

幼₂：小兔、小鹿。

师：现在，谁愿意扮演各种各样的小动物？你是——，你是——，你是——

师：小动物们坐在小椅子上，黑猫警长准备好，我们开始一边唱歌，一边游戏了。

〔评析：这一环节，从分段倾听到师生共同游戏，层层递进，每一环节解决一个游戏中的难点，教师用启发式语言鼓励幼儿大胆想象和表现，使幼儿轻松愉快地参与其中〕

三、结束部分

师：小朋友，除了黑猫警长，还有谁也能对付老狼，帮助小羊呢？

幼₁：猎人。

幼₂：机器人。

幼₃：解放军。

师：是的，下一次我们一起来唱一唱，演一演，学一学猎人、解放军和机器人，好不好？

〔评析：当游戏达到高潮时，幼儿的思维也变得特别活跃，这时让他们展开想象，他们会说出各种奇思妙想〕

活动延伸

1. 区域游戏：在美工区投放信封、剪刀、水彩笔等，引导幼儿自制信封纸偶或指偶狼、羊，折纸猎枪、手枪。

2. 游戏活动：引导幼儿利用自制的纸偶、猎枪等玩具，自由结伴游戏或小组游戏。

〔评析：幼儿天生对动物感兴趣，延伸活动把手工制作动物和做游戏联系起来，让幼儿把音乐游戏巩固并拓展下去〕

"老鼠画猫"（歌唱活动）片段教学实录

陈巧灼　阮芬华

活动目标

1. 通过听听，看看，画画，唱唱等活动，激发幼儿学习歌曲的愿望，初步学会歌曲《老鼠画猫》。

2. 感受歌曲诙谐幽默的特点，并尝试通过肢体语言大胆表现出来。

3. 培养幼儿良好的倾听习惯和合作能力，进一步培养幼儿的音乐表现能力。

活动准备

知识准备：请家长帮助幼儿了解猫的一些基本习性。

物质准备：画有猫轮廓的纸若干张，粗水彩笔人手一支；猫头饰、大老鼠头饰各一个，小老鼠头饰幼儿人手一个；音乐《老鼠画猫》、播放器。

活动过程

一、创设情景表演《小老鼠上灯台》，引出新歌曲

（老师扮演老鼠妈妈带领小老鼠（幼儿饰）去找食物，老鼠大队前进！播放音乐《小老鼠上灯台》。突然，遇到了一只凶狠的大野猫（另一老师饰），使老鼠们的觅食行动受到了阻碍，猫趾高气扬地走了。鼠妈妈发出"吱吱吱"惊慌失措的叫声）

鼠妈妈：是谁来了？

鼠宝宝：猫来了。

鼠妈妈：猫为什么这么可怕？

鼠宝宝$_1$：猫最爱捉老鼠了。

鼠宝宝$_2$：猫会咬我们。

鼠宝宝$_3$：猫会用爪子抓我们的。

鼠宝宝$_4$：猫发现我们就会追上来抓住我们的。

鼠妈妈：哎呀呀，我可怜的孩子们被吓坏了吧？该死的野猫，眼睛要是再小点就不会发现我们了，看，这是被猫爪子抓的，要是猫的爪子再少一点，该多好啊！

〔评析：兴趣是最好的老师。活动一开始，教师运用情境创设法，由教师当鼠妈妈，幼儿当鼠宝宝，利用夸张的语调再配以音乐的律动，迅速挑起幼儿的兴趣，把他们带进游戏情境中，为新歌的画面埋下伏笔〕

二、学习新歌曲《老鼠画猫》

（一）初步感受旋律

鼠妈妈：看来这儿并不安全，咱们还是搬家吧！跟着妈妈！

（歌曲旋律起）

鼠妈妈：咱们搬了一天的家，很累了，赶快休息一下，美美地睡上一觉吧！

鼠妈妈（惊讶状）：咦，我刚才做了一个很美的梦，梦见我们得到了一支神奇的笔，用这支笔可以把猫画成我们喜欢的样子。你们想一想，要把可怕的猫画成什么样子呢？

（"小老鼠"们议论纷纷，"鼠妈妈"鼓励他们大胆表达自己的想法）

鼠宝宝$_1$：我想画一只没有牙齿的猫。

鼠宝宝$_2$：眼睛要画得小小的。

鼠宝宝$_3$：爪子要画小一些，不能太尖。

鼠宝宝$_4$：腿要画得短短的。

鼠妈妈：乖宝宝，你们的心思和妈妈是一样的，都想让野猫的眼睛变得小小的，爪子变得很小，牙齿也没有了……那就让我们将梦中的猫画出来吧！

（教师边慢速唱歌边将猫的样子画出来，幼儿跟随教师按照画面清唱歌曲一遍）

〔评析：此环节中，教师边慢速唱歌边按歌词顺序把猫滑稽的样子画出来，以悄然渗透的方式让幼儿进一步熟悉歌词〕

（二）理解、熟悉歌词

鼠妈妈：你们从歌词与画面中发现大野猫发生了哪些变化？为什么眼睛要变得小小的，腿变得短短的，胡子要往上翘？

（教师让幼儿自由发表自己的观点）

鼠宝宝$_1$：没有牙齿的猫就不能咬我们了。

鼠宝宝$_2$：爪子画小一些，就不会把我们抓得很疼了。

鼠宝宝$_3$：眼睛画得小小的，让它找不到我们。

鼠宝宝$_4$：腿画得短短的，让它跑不过我们。

鼠宝宝$_5$：胡子要画翘，让它无法测量我们洞口的大小。

鼠妈妈：你们喜欢这样的猫吗？那就让我们一起来画这样的猫吧！要求：4人一组，根据音乐歌词，合作画猫。

（音乐旋律起，幼儿分组画猫）

（教师边检查画面，边再次演唱歌曲）

鼠妈妈：现在我要检查你们画的老鼠是不是我们所喜欢的，大家一起用歌声检查自己的画。

〔评析：随着故事情节的发展，"鼠妈妈"与"小老鼠"们一块儿边听歌曲，边画一只不会抓老鼠的猫，在唱唱、画画的过程中进一步激发幼儿的兴趣〕

（三）学唱歌曲

1. 教师指着画面，引导幼儿跟随音乐学唱歌曲，着重练习"小老鼠"和"胡子要画翘"的滑音唱法。

2. 帮助幼儿理解歌曲中"哎呀"一句的含义，启发幼儿唱好歌里能表现小老鼠很得意的样子的几句歌词。

（四）动作表达

鼠妈妈：我们刚开始画猫时很害怕，动作是怎样的？脸部表情怎样？

鼠宝宝₁：缩手缩脚的。

鼠宝宝₂：东张西望，皱着眉头的样子。

鼠宝宝₃：眼睛骨碌碌地转。

鼠妈妈：我们越画越高兴，都得意忘形了，应该用什么动作来表现？

鼠妈妈：我们画困了，想睡觉了，可以用什么动作来表现？

（教师鼓励幼儿用动作表演来表现歌曲诙谐、有趣的风格，把小老鼠得意、滑稽的样子唱出来、做出来）

〔评析：学唱歌曲时，先引导幼儿自然地唱，然后再加入滑音的唱法，最后引导幼儿表演唱，充分尊重幼儿认识由浅入深、由易到难的规律，不断激发幼儿新的学习欲望，将活动逐步推向高潮〕

三、结束部分

（一声猫叫，喵——）

鼠妈妈：妈妈告诉你们，我们梦想的猫是不存在的，真的猫还是要来的，我们还是悄悄搬家吧！

（活动在《小老鼠上灯台》的音乐声中结束）

艺术领域（美术）

"风筝"（美工活动）片段教学实录

石玲玲

活动目标

1. 认识各种各样的风筝，知道风筝的结构和制作方法。
2. 感受风筝的多样美，愿意自主尝试制作简单的风筝。
3. 体验游戏和制作的成功和乐趣。

活动准备

经验准备：幼儿有放风筝的经验，玩过"老鹰捉小鸡"游戏，会使用剪刀。

物质准备："海边一日游"视频；各种风筝布置成风筝展；海绵胶、去尖头的小竹棒、各种形状的白纸、油画棒、蜡光纸、胶水等装饰材料。

活动过程

一、播放"海边一日游"视频，引出风筝

师：看，这是哪里？小朋友们在干什么？

幼₁：大海边，哇，海浪在滚。

幼₂：我看到有人在跳舞。

幼₃：那个三角形的是文蛤，我踩过。

师：说得真好。人们在海边踩文蛤，捡泥螺，好开心啊！抬起头看看，天空中有什么？

幼₁：哇，蝴蝶，看，它飞得好快哦！

幼₂：嗯，有线拉着呢，是在放风筝吧。

〔评析：位于黄海之滨的如东，有着丰富的文化传统和习俗，"海上迪斯科""风筝节"都在其中。此环节教师结合幼儿"海边一日游"视频导入，贴近幼儿生活，给幼儿自然、亲切之感〕

二、参观"小小风筝展"，说说最喜欢的风筝

（一）师生"开车"前往风筝展

师：你们见过风筝吗？

幼：见过。

师：在哪里见过？

幼₁：公园里的草地上，人好多。

幼₂：我们小区里也有。

师：好咧，那你们想见见各种风筝吗？今天老师就带你们去参观一个风筝展，好吗？

（播放《小司机》音乐，师生开车前往风筝展）

（二）认识各种风筝，观察风筝的结构

师：风筝展到了，哇，好多风筝，我们一起来看看吧！

（师生边走边看，教师做适当介绍和引导）

师：这儿是漂亮的蝴蝶风筝，这儿是弯弯嘴巴的老鹰风筝，样子好逼真啊！哦，快看，这儿是什么？

幼：毛毛虫。

师：毛毛虫？有点像，其实这是长长的蜈蚣风筝，它的什么特别多？

幼：脚。

师：蜈蚣风筝特别长。看，那儿还有很多风筝呢！去挑一个最喜欢的，仔细看一看，它是什么样子的？

（幼儿自由观察，教师引导观察风筝的结构）

师：你这是什么风筝？

幼₁：飞机。

师：两边的图案怎样呢？

幼₁：一样的。

师：除了图案，风筝还需要什么材料？你仔细看看。

（教师接着引导幼儿发现风筝的对称原理）

师：呀，你这个风筝好简单，看看，两根小棒子是怎么摆的？

幼₂：交叉，像十字。

师：你观察得很仔细，那为什么要这样摆呢？先猜一下吧。

幼₂：不会松掉，不会坏。

师：你发现了两根棒子是粘在一起的，那棒子上下左右的距离怎么样呢？

幼₂：差不多长。

幼₃：一样长。

（幼儿仔细观察后，向同伴介绍自己的发现，教师小结）

师小结：原来，我们的风筝各种各样，有的图案不一样，有的大小不一样，有的材料不一样，有的是平面的，有的是立体的，但它们都有一个共同的地方，那就是你们刚才说的，制作的风筝两边要一样，一定要对称，而且都是必须要有绳子牵着的。

〔评析："开车""风筝展"的情境创设，为幼儿提供了自由、宽松的观察学习氛围，幼儿自主观察、自主比较，对各种风筝的认识远比传统活动中教师讲解说教要深刻得多，为下一环节作好铺垫〕

三、出示菱形风筝，观察、猜想制作过程

师：小朋友们想做一个自己的风筝吗？看，老师刚才挑了一个最小的，因为特别简单，所以我很喜欢。你们猜猜它是怎么做成的呢？

幼：得先把风筝的架子搭起来。

师（出示两根小竹棒）：哦，怎么搭呢？你来试试。

（幼儿尝试，教师引导集体观察）

师：看，他把两根棒子交叉在一起了，交叉的时候有什么需要注意的吗？

幼：两边要差不多长。

师：看看我的这个风筝，你再试一下。

（引导幼儿发现两根棒子上下左右要一样长，即对称）

师：架子搭好了，还需要什么呢？

幼：纸。

师：哦，那是风筝面。

幼：风筝面要装饰得漂亮，也要对称。

师：刚才你已经发现这个秘密了。小朋友们，老师给你们准备了油画棒、蜡光纸、胶水等各种材料，待会儿你们可以自己去试试装饰风筝面。

师：除了这些，还有吗？

幼：粘的时候要小心，动作要轻。

师：哦，你们都是细心的孩子，原来搭架子、装饰风筝面，最后再轻轻地粘一粘，风筝就做好了。

〔评析：此环节是本次活动的重点，尝试引导幼儿在观察、比较中自主发现风筝的制作步骤，尊重幼儿自己的想法，体现了幼儿的主体性，同时也发展了幼儿观察、表达等方面的能力〕

四、尝试制作风筝，鼓励进行二次制作

师：说得真好，老师在后面的桌子上准备了小棒、海绵胶、剪刀，还有刚才说的纸等等。现在我们轻轻走到桌旁，自己试着做一做吧！

（幼儿制作，教师巡回观察和指导）

师：你挑的风筝面是什么图形？

幼：正方形。

师：准备怎么装饰？

幼：用彩纸贴泡泡。

师：这个想法不错，那还要注意什么呢？赶紧试试吧！

师：咦，你遇到了什么困难？

幼：不好剪胶布了。

师：哦，一只手扶着棒子，另一只手不好弄了。来，老师帮你，但你自己也可以完成，你只需要先剪好双面胶，再选好一根棒子的中心粘上去，最后再粘上另一根棒子就行了，试试吧！

（幼儿制作完成后，教师鼓励他们进行分享介绍）

师：小朋友做得差不多了，谁来分享介绍一下自己的风筝或者是制作时遇到的问题？

幼₁：我选的是长方形的纸，我把它剪成了蝴蝶形状。

师：真漂亮，两边都是对称的呢！

幼₂：我给风筝加了小尾巴。

师：为什么要这样呢？

幼₂：这样看起来更漂亮。

师：真棒，这样风筝飞起来也会更平稳的。

幼₃：我用了 4 根小木棒。

师：让我们大家瞧瞧，真的耶！

幼₃：这样更结实了。

师：小朋友看看自己的风筝，再看看别人的，有需要改进的地方吗？

幼₃：我的风筝面不太漂亮，还需要再装饰。

幼₄：我想给风筝拉上线。

（幼儿二次制作风筝，然后将制作好的风筝送到风筝展。师生参观欣赏，鼓励幼儿自主介绍自己的风筝）

〔评析：此环节是本次活动的难点，幼儿自主制作风筝，并尝试不断改进、修改，从而体验成功的快乐。活动中，允许幼儿出错，教师勇于放手，敢于引导，真正打破了传统美工活动的模式，锻炼了幼儿的动手操作能力〕

五、游戏"放风筝"，体验放风筝的乐趣

师：小朋友的风筝终于做好了，还挂在了风筝展里，真棒！我们的身体可以变成风筝吗？你想变什么？

幼₁：蝴蝶风筝。

幼₂：飞机风筝。

师：不如我们来玩一个"放风筝"的游戏吧！你们做"小风筝"，我做放风筝的人，游戏开始，我往这边拉，你们就往这边走，拉得快走得就快；我往那边放，你们就往那边跑，好吗？

（幼儿扮演"小风筝"，师生玩"放风筝"游戏 1—2 遍）

师：一个个"小风筝"，玩得真好。刚才我还看到有两个、三个小朋友组合在一起玩的呢。如果我们所有的小朋友都排成一队，可以怎么玩呢？

幼₁：手拉前面人的衣服。

幼₂：就像"老鹰捉小鸡"。

师：这个主意不错，我们试试。哇，大家看，这么多脚，变成什么风筝了？

幼：蜈蚣风筝。

师：这么大，放起来肯定好玩，那我开始啦，大家要团结一心往同一个方向跑哦！

（师生放"蜈蚣风筝"，活动结束）

〔评析：从参观实体风筝到尝试制作风筝，再到用自己的身体变出风筝，幼儿真正体验到了"玩风筝"的乐趣，相信会激发幼儿对风筝的好奇，增强对风筝进一步探究的欲望〕

第三章　幼儿园片段教学精彩实录（大班下学期）

健康领域

"人、枪、虎"片段教学实录

吴亚梅

活动目标

1. 通过故事了解"人、枪、虎"的游戏规则，乐于参加游戏。
2. 在已有经验的基础上，能快速跑和躲闪。
3. 遵守游戏规则，体验合作游戏的快乐。

活动准备

经验准备：跟同伴有合作玩游戏的经验。

物质准备：环形图谱（人→枪→虎）、椅子若干。

环境创设：场地布置如下图。

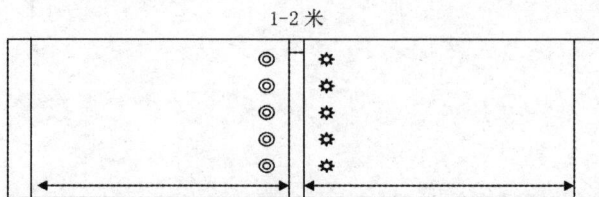

1-2 米

活动过程

一、玩一玩，热身运动，游戏"变变变"

（一）用身体做"人、枪、虎"

师：今天，我们去大森林里玩一玩，准备好了吗？

幼：准备好了。

师：好，我们出发了！先慢步走。

师：咦，前面来了一个猎人。

（老师两臂曲肘胸前交叉）

师：我是猎人，你们愿意当我的小猎人吗？我们今天要捕猎许多的动物，赶紧走！

（大猎人带着小猎人，快步走）

师：猎人去森林打猎，会带上什么？

幼：枪。

师：能不能用你的身体做一把枪？

幼$_1$：双手在胸前做射击动作。

幼$_2$：单手伸出，大拇指与食指伸出，其余三个指头弯曲，做成枪。

师：你的枪在哪里？

幼（边说边做动作）：我的枪在这里。

师：看，前面来了一只大老虎。

（老师两臂曲肘两手上举于头的两旁）

师：我是大老虎，我的虎宝宝呢？

（幼儿用身体做小老虎）

（大老虎带着虎宝宝跑步走。热身运动，快步走、跑步走交替进行）

（二）游戏"变变变"，快速用身体变换"人、枪、虎"

师：你们真能干，能用自己的身体变出"人、枪、虎"。现在我们边说儿歌边来变变看，行不行？

幼：行。

师：好，那我们就来玩个"变变变"的游戏。

师：猎人猎人在哪里？

幼（两臂曲肘做猎人）：猎人猎人在这里。

师：猎枪猎枪在哪里？

幼（用手做枪）：猎枪猎枪在这里。

师：老虎老虎在哪里？

幼（两臂曲肘，两手上举于头的两旁做老虎）：老虎老虎在这里。

（节奏变快，进行游戏）

师：你们太厉害了，要是儿歌的节奏变得越来越快，你们能接受挑战吗？

（幼儿与老师一起用自己的身体再变"人、枪、虎"。之后打乱顺序，快速用身体变换进行游戏）

师：还真的是难不住你们呢，接下来我可要加大难度了。

（打乱顺序试一试："虎、枪、人""枪、人、虎""人、枪、虎"等）

〔评析：让幼儿用自己的身体来变换"人、枪、虎"，变换人与虎时，基本上是规范的动作，在变换枪时，拓展了幼儿的思维，让幼儿自己设计变换的动作，这样有规范的动作，也有创造性的动作，规范的动作便于接下来玩游戏时能够一目了然知道变换的是什么，创造性的动作又能提高幼儿的兴趣，在变化中统一，统一中有变化。"变变变"的游戏，变换时从慢到快，用朗朗上口的儿歌形式帮助进行，幼儿由不熟悉到熟悉，循序渐进，这是一个逐步适应的过程。师幼之间的互动，自然和谐融洽，能让幼儿很快进入角色，体验角色的不断变化，潜移默化地感染着幼儿，让幼儿能发自内心地乐于参与游戏活动〕

二、基本部分

（一）听一听，讲故事，帮助幼儿理解游戏规则

师：你们累了吧？找个空地坐下来。在这个大森林里，发生过一个有趣的故事。在很久很久以前，有一位聪明的猎人，带着枪，来到森林里面。走着走着，他忽然听到一声吼声，原来是一只几天没吃东西的老虎走了过来。老虎看到猎人可开心了："呵呵，我有一顿美餐了！"猎人看到饥饿的老虎，

感到非常害怕，他赶紧找了一个地方躲起来，眼看着老虎马上就要吃掉猎人，猎人拿出枪，"砰"的一声，吓得老虎赶紧逃走了。

师：听了故事，你们知道了什么？

幼₁：老虎吃人。

幼₂：枪可以打死老虎。

师：是的，原来老虎可以吃人，人可以拿枪，枪可以吓走老虎。

（二）看一看，运用图谱帮助幼儿进一步理解游戏规则

（拿出环形图谱：虎→人→枪→虎）

师：老虎遇到枪，要怎么办？

幼：赶紧躲。

师：人遇到老虎呢？

幼₁：赶紧逃。

幼₂：拿枪打。

师小结：对了，人遇到老虎，可以赶快躲，这是个办法；还可以把枪拿出来，这也是个好办法。

（三）试一试，幼儿与教师尝试着玩游戏

师：看，这是大森林，这里长方形的两边各有一排小椅子，这就是家，可以是人的家，也可以是老虎的家，要是跑到椅子这里要赶紧坐下来，就是到家了，椅子这里表示安全的地方。

师：瞧，这中间有两条线，是干什么的呢？猜猜看。

幼₁：站在这里不动。

幼₂：从这里开始。

师：大家猜得都有道理。今天我们来玩个"人、枪、虎"的游戏。

1. 邀请一位幼儿与老师玩游戏。

师：谁愿意先跟我来玩？

师：我站这条线上，这个小朋友你站哪里？

幼：另一条线上。

师：想当什么呢？想好了，想在心里，千万不能说出来，不能给别人听

见，等数到"一、二、三"，我俩同时把动作做出来。其他小朋友帮助我们看清楚了，我们俩都站在线上，面对面站好，准备好了吗？

师（有意试探）：你想做什么？

幼：不能说。

师：对，想在心里，不能让别人知道。一、二、三，同时变。

（师变人，幼儿是老虎）

师：老虎来了，我赶紧躲，躲到家就安全了。

师小结：玩的时候大家都要站在线上，喊出"一、二、三，同时变"，一个躲一个要赶紧追，往哪里躲？往自己家躲，坐到椅子上就安全了，要是没坐到椅子上，被追上你就输掉了，你就得跟他走。

2. 请两个幼儿玩游戏，其他幼儿当裁判。

提醒幼儿遵守游戏规则：一是同时变，二是谁躲谁追要清楚（虎追人、人拿枪、枪击虎）。

3. 所有幼儿两两结对玩游戏。

师：找自己的好朋友，站到线上来，大家一起玩一玩，看谁躲得快？看谁追得快？想好自己变什么。

（幼儿两两结对玩一次）

师：想不想跟刚才变得不一样？

（幼儿两两结对再玩一次）

4. 幼儿分成人数相等的两组，进行比赛。

师：现在我们这么多的小朋友要一起玩这个游戏了。来，我们分成人数相等的两组来比一比，注意被捉住就表示你输了，要加入胜队，几个回合看看哪组的人数多哪组就是胜利的一方。

师：不过，这么多人，怎么比呢？

幼$_1$：我想当老虎。

幼$_2$：我拿枪。

幼$_3$：我当猎人。

师：大家意见不统一，怎么办？

（提醒幼儿学会商量）

师：每一组选一个队长，队长带领大家先到一旁商量一下。

师：商量好了没？

（老师当裁判）

师：都站到中间的线上，面对面，准备好，一、二、三，同时变！

（如果两队动作相同，重新换动作。被追到的幼儿到获胜的一方，游戏反复进行，玩两至三次，如果幼儿兴趣浓，可以多玩几次。最后让队长与裁判清点人数，得出胜利方，胜利的一方队员击掌庆祝胜利）

〔评析：活动的第一部分用身体做"人、枪、虎"，为接下来的游戏做了很好的铺垫，有了这个基础，幼儿玩起来更得心应手。由故事引入游戏，加上图谱的介入，帮助幼儿理解游戏规则。真正玩游戏时，采取层层深入的方式，一点一点地加大游戏的难度，分成四个层次：首先，由教师跟一位幼儿玩游戏，让幼儿了解游戏的基本玩法；接着，幼儿与幼儿玩，更能真切感受游戏，跟同伴学习也是幼儿学习方式之一；然后，每个孩子都尝试着一对一地玩游戏，体验游戏的快乐；最后，全体幼儿分两组进行比赛，有了一定的难度，要求幼儿既要有合作意识，又要有一定的规则意识，在一次次的体验中发现问题，解决问题，建立规则。教师有意地提醒幼儿学会商量，选出队长也是帮助幼儿建立商量的中心，胜出的队击掌庆祝，充分体验游戏的快乐〕

三、结束部分

师：今天，我们一起玩了这个有趣的"人、枪、虎"游戏，你们可以跟好朋友一起玩，也可以回家跟爸爸妈妈一起玩，把这个好玩的游戏告诉更多的好朋友。今天的收获真不少，天也渐渐暗下来了，带上我们的猎物回家吧！开开心心，摇头晃脑，举举双臂，蹬蹬双腿，轻松回家。

〔评析：大班幼儿对这个传统的"人、枪、虎"游戏较感兴趣，他们也喜欢经验迁移，喜欢反复担当不同的角色，跟不同的对象组合玩，一定的挑战增加了他们游戏的兴趣。如果这个游戏人数少一些，在小组化的游戏活动中幼儿会玩得更开心〕

"卷白菜心"片段教学实录

缪小阳

活动目标

1. 在已有经验的基础上，通过自身的探索平稳灵活地走出螺旋队形。

2. 能根据节奏的变化调整自己的步伐，注意和相邻同伴保持一定的距离，进行合作游戏。

3. 能遵守游戏规则，在游戏活动中体验成功与合作的快乐。

活动准备

经验准备：认识大白菜，知道大白菜是一片一片卷起来的；会唱歌曲《卷白菜》。

物质准备：白菜头饰若干，塑料小铲 1 个，音乐，地面画两个大圆圈。

活动过程

一、热身运动

（幼儿尝试根据老师的口令改变自己的步伐）

师：小司机们准备好了吗？

幼：准备好了。

师：嘀——嘀——，我们要出发了。

师：加加油门，快快开，注意不要撞车了；要拐弯了，注意减速慢慢开；红灯亮了，怎么办？

幼：停下来。

师：那我们停下来休息一会儿。

师：今天我们的卡车要去运大白菜。

师：还记得大白菜是什么样子的吗？

幼₁：有点白有点绿，一片一片的。

幼₂：它的叶子是包起来的。

师：大白菜有好多的叶子，它们从里到外一片一片紧紧地包在一起。

〔评析：活动一开始用轻松明快、简单有趣的开汽车游戏导入，让幼儿在和教师一起跑跑玩玩中，对教师产生好感，一下子拉近了师幼的距离，有利于建立和谐的师幼感情，塑造出一种友善、和谐、融洽的氛围，同时教师在游戏中贯穿了不同的指令，为后面的游戏作了很好的铺垫〕

二、基本部分

（一）自主卷白菜

师：我想变成一颗大白菜，谁能把我卷成一棵大白菜？

幼₁：老师，我来。

师：谁能把我的两只手臂卷成炮仗？

幼₂：我来试一试。

师：你们能把自己卷成一棵白菜吗？

幼₁：能。

幼₂：我试一试。

师：那你们就试一试吧，看谁能把自己卷成一棵白菜。

（幼儿尝试把自己卷成一棵白菜）

师：白菜卷好了吗？让我来看看。

师：好多白菜呀，你是怎么卷的？

幼：我把头低下来，把腿弯下来，抱在一起。

师：看看他是怎么变的？

幼：我用手变的。

师小结：大家用不同的方法把自己卷成了一棵白菜，真棒。

（二）合作卷白菜

师：刚才小朋友把自己卷成了一颗白菜，那老师还想要大一些的白菜，你们有吗？

幼₁：没有。

幼₂：有。

师：在哪儿呢？

幼：我们可以变。

师：怎么变呢？

幼₁：两个人一起变。

幼₂：我想三个人一起变。

师：这个办法不错，现在你们就找好朋友一起合作变一变吧，看能不能卷出一棵大白菜。一会儿，我会播放卷白菜的歌曲，大家可以一边唱一边卷，音乐一停，就不能动了。

（幼儿尝试合作卷白菜，教师观察，适时介入）

师：你们成功了吗？

幼：成功了。

师：让我来看一看。呀，好大的白菜！

师：你们是怎么卷成功的？

幼₁：我们手拉手一起变的。

幼₂：第一个人往里走，然后大家一个一个往里卷。

师：你们是几个人变的？

幼：6个人。

师：你们的白菜好像还没长好，怎么松松的？这样会有小虫子爬进去哦，能再卷紧一点吗？

幼₁：能。

幼₂：我们再试试。

师：卷白菜时大家的手要拉得紧紧的，不能松开，大家走的速度也要一样，才能卷成一棵又大又圆的白菜。

（三）根据节奏的变化卷白菜

师：现在我们要来比一比，哪一组的小朋友卷的白菜又快又好。既然是比赛，每组人数就要一样多，你们想几个人一组呢？

幼₁：我们刚才是4个人。

幼₂：我们是 6 个人。

师：现在我们加大难度，8 个人一组，敢不敢挑战？

幼₁：敢。

幼₂：没问题。

师：那赶紧去找朋友，找到了就站在一起。

师：每组先商量一下，选一个排头，选好了就到老师这里来戴上白菜头饰。

师：我有一个要求：一会儿我敲铃鼓，你们走，我敲得慢，你们就慢慢走，我敲得快，你们就——

幼：快快跑。

师：准备好了吗？

幼：好了。

师：1、2、3，开始！

师：卷成功了吗？

幼₁：我们成功了。

幼₂：我们没有卷好。

师：你们自己发现什么问题了吗？为什么没有成功？

幼₁：有几个人手松开了，就卷不起来了。

幼₂：有的人走得太快，老是挤我们，还踩别人的脚。

师：看来你们已经找到了原因，我们卷的时候一定要有节奏地一步一步地走，不能一会儿快，一会儿慢，更不能踩别人的脚。没关系，我们再来一次，还有机会。

（幼儿再次尝试）

师：这次大家都挑战成功了，给自己鼓鼓掌。

〔评析：本活动环节中，教师引导幼儿围绕中心问题"怎样卷白菜"进行尝试、探索，并没有直接教给幼儿方法，也没有过多地给予指导、评价，而是让幼儿在一次次体验中自己发现问题、解决问题。在这个过程中，幼儿有了自己的新发现，并轻松、愉快地完成了知识经验的积累与分享〕

（四）游戏：挖白菜

师：白菜卷好了，我要来挖了，从哪儿开始挖呢？

幼₁：从我开始。

幼₂：从第一个人开始挖。

师：中间挖不到，我现在从边上开始挖。挖到谁，谁就飞快地跑到操场边的圆圈里，那是我专门用来装白菜的筐子。

师：挖呀挖呀，快快挖。

（教师依次挖，所有的幼儿一个接一个跑进大圆圈）

师：好多的白菜呀，让我来一个一个把它们扫进我的卡车里带回家。

师：扫到谁，谁就上我的大卡车。

师：卡车出发了，快快开，停一停，快快开，慢慢开，绕个大转盘……

〔评析：为了保持活动的兴趣，避免枯燥的讲述，活动中教师增加了挖白菜的游戏，让幼儿尽情地肆意地跑起来，随后又设计了装白菜的游戏，让幼儿有序地整队。活动中，"小铲子"发挥了大作用：当它是铲子时，充分调动幼儿的积极性、参与性；当它变成笤帚时，又能使过度兴奋的幼儿立刻安静下来；它使整个活动有动有静，有收有放，有紧有松，呈现出舒适的节律；更促使幼儿自觉遵守游戏规则，成为纪律的主人，秩序的主人〕

（五）完整游戏

师：你们想不想把白菜卷得大一点？

幼₁：想！

幼₂：我们一起卷一个大白菜。

师：这个主意不错，那我们一起来卷成一棵超级大的白菜，好吗？

幼：太好了，太好了。

（师幼共同完整地玩两次游戏）

〔评析：本环节遵循由浅入深、循序渐进的原则，让幼儿通过自己体态动作的尝试，从中捕捉螺旋线的运动轨迹，层层递进式地感知和认识螺旋线，避免了教师的枯燥说教和刻意灌输，使幼儿对于螺旋线的知识记忆更为深刻。活动的每一步都让幼儿充分展现自己的经验，教师不仅鼓励幼儿大胆尝试，

还帮助归纳、整理，对幼儿的操作探索经验进行及时反馈指导，使幼儿的经验获得一步步的提升〕

三、结束部分

师：今天，我们一起玩了一个民间游戏"卷白菜"，你们可以和爸爸妈妈一起玩，还可以和更多的小朋友一起卷一个更大的白菜。

〔评析：集体活动虽然结束了，但幼儿的游戏才刚刚开始。鼓励幼儿与家人一起玩，可以增加亲子感情；与同伴一起玩，可以增强幼儿的交往能力、合作能力以及创生能力〕

"保护牙齿"片段教学实录

黄碧霞

活动目标

1. 了解蛀牙形成的原因，知道保护牙齿的方法。
2. 学会用正确的方法刷牙。
3. 懂得健康牙齿的重要性，养成保护牙齿的良好卫生习惯。

活动准备

经验准备：知道一些保护牙齿的方法，了解牙医生工作的基本内容。

物质准备：饼干每人一小块、镜子每人一个，关于牙病菌及牙医生的动画视频，卡通游戏题目，刷牙用具人手一套，实验材料每组一套等。

资源利用：请幼儿园的保健医生参加活动。

活动过程

一、了解龋齿形成的原因

（一）品尝饼干

师：小朋友们好啊，上次很多小朋友说喜欢吃曲奇饼干，今天老师就给你们每人都带来了一小块。现在可以开始吃了。

（二）观察牙齿缝中的残留物质

师：小朋友们都吃完了呀，用镜子照一照你们的牙齿，你们看到了什么？

幼₁：牙缝里多了黏黏的饼干糊。

幼₂：我也发现了，这些饼干糊还甜甜的。

（三）了解龋齿形成的原因

师：这些粘在牙齿上的东西如果不及时弄干净会变成什么呢？

幼：我们都不知道！

师：大家都不知道啊，那我们一起来看这段视频吧。

（视频内容为：嗨，我是牙病菌。伙伴们快来呀，小主人刚刚吃了曲奇饼干，牙齿上沾满了我们牙病菌爱吃的甜食。大家赶紧吃，吃饱了就可以在小主人的牙齿上挖个洞。哦，对了，这些东西现在是甜的，一会儿就会变成酸的了，酸会让牙齿变黑，我们以后就住在这黑洞里继续挖洞。慢慢地，小主人的牙齿就会变成蛀牙了）

（四）交流讨论

师：小朋友们，你们看到了什么？听到了什么？

幼₁：哦，刚才那个是牙病菌，是个坏蛋。

幼₂：牙病菌喜欢吃留在牙齿缝里的东西，特别是甜甜的东西。

幼₃：甜甜的粘在牙齿上的饼干会变酸，酸会让牙齿变黑。

幼₄：牙病菌还会挖黑洞。黑洞会变成蛀牙哦，太可怕了！

师小结：原来，我们健康的牙齿就是这样变出黑洞，变成蛀牙的。

〔评析：从幼儿的生活入手，用幼儿的喜好牵引，以幼儿普遍喜欢的可能导致牙齿不健康的食物为整个活动的导索，让实验式的、多感官的体验将幼儿自然而然地引入活动，并为下面的环节作有效的铺垫〕

二、知道吃完食物要漱口

（一）幼儿漱口

师：我们现在该怎么做呢？

幼：赶紧漱口去。

师：好，咱们就先漱口去。

（二）观察漱口后的变化

师：小朋友们，牙齿漱完了，现在用镜子再看看自己的牙齿，你们发现了什么？

幼₁：牙缝里黏黏的东西不见了。

幼₂：牙齿变干净了。

师小结：所以，小朋友们，以后我们吃完东西一定要记得及时漱口。

〔评析：有了第一环节的实验和发现，漱口就成了幼儿迫不及待的需要。在这种需要的推动下，幼儿实现了需要并明白了吃完食物必须漱口的道理，环节之间的衔接显得很自然〕

三、感受健康牙齿的重要性

（一）相互观察和自我检查发现异常牙齿

师：小朋友们，现在我们互相检查旁边小朋友的牙齿，也可以用镜子给自己再照一照，看看我们的牙齿上还有什么特别的地方。

（二）幼儿自主观察，自由交流

（三）集体交流

师：小朋友都说说你的发现吧。

幼₁：我有颗牙会动来动去，很痛。

幼₂：他已经有一颗黑牙了，而且其他牙齿也很黄。

幼₃：我也有颗牙一吃东西就会觉得痛。

师：这到底是怎么回事呢？我们一起来看一段牙医生发的视频吧。

（四）观看视频后交流

师：小朋友们，你们看明白了什么？

幼₁：牙齿动来动去是因为我们要换牙了。牙医告诉我们不能用手去摇，会有细菌。哦，还不能用舌头顶。

师：你听得很认真，说得真清楚！那牙齿黑黑黄黄的会怎么样呢？

幼₂：黑黑黄黄的不注意卫生也会变成蛀牙了。牙医说要坚持刷牙。

幼₃：我还知道换掉的叫乳牙，新长出来的叫恒牙，要陪伴我们一辈子的。

师小结：是啊，恒牙会陪伴我们一辈子的，掉了也不会再长出来。所以我们一定要保护好牙齿。

师：小朋友们，你们平常是怎么保护牙齿的？

〔评析：幼儿在自主的发现与表达的基础上，产生困惑并生成各自的问题，然后教师以牙医生的科普动画视频帮助幼儿解开疑问，让幼儿进一步明白健康牙齿的重要性，从而激发幼儿保护牙齿的愿望〕

四、了解保护牙齿的方法

（一）小组内自主讨论保护牙齿的方法，全班交流

师：小朋友讨论得很起劲儿，现在每个小组派个代表来说说。

幼$_1$：不能咬硬物，不咬铅笔。

幼$_2$：我还知道不能用牙签去挑牙齿。

幼$_3$：妈妈说一年要去医院检查牙齿两次。

幼$_4$：吃饭不挑食，少吃甜食等。

师小结：看来小朋友已经知道了不少保护牙齿的方法了。

（二）卡通游戏小测试

师：牙医生说想用动画游戏考考小朋友们，一起来挑战吧。

第一题：巧克力、蛋糕、奶糖是牙齿喜欢的吗？

幼$_1$：不对。

幼$_2$：太甜的东西不能吃太多，否则会让牙齿变蛀牙。

幼$_3$：吃完了要及时漱口。

师：牙医生给了笑脸，小朋友答对了。

第二题：青菜、大米、苹果、胡萝卜应该经常吃吗？

幼$_1$：这是对的。水果蔬菜会让牙齿长得壮壮的，更健康。

师：点一下看对不对呢？耶，又答对了！

第三题：东东很挑食，就喜欢吃肉、喝饮料和吃冰淇淋。东东做得对吗？

幼$_1$：不对。挑食和喝饮料都会让牙齿长得不坚固。

幼$_2$：冰的还会伤害牙齿。

师：是不是这样的呢？欧耶，又对了。小朋友真棒！

师小结：小朋友全答对了，都知道要怎么保护牙齿了。牙医生还交待我们一句话：记得饭后要漱口，早晚要刷牙。

〔评析：幼儿在想要保护牙齿的内动力的驱使下，互相交流保护牙齿的方法，让幼儿对交流讨论和动画游戏式的判断有了更浓的兴趣〕

五、学习刷牙

（一）出示牙齿模型，引导幼儿尝试刷牙

师：小朋友们，你们会刷牙了吗？

幼：我们几个都会，我们经常刷牙。

师：老师请几位小朋友用这个模型和牙刷来演示自己平常是怎么刷牙的，其他小朋友要认真观察哦。

师：刷完了？你们觉得他刷得对吗？

幼$_1$：他只刷了下排牙齿，没有刷上排的。

幼$_2$：他只刷牙齿外面，没有刷里面。

师：那到底怎么刷才能让牙齿更健康呢？我们一起请我们幼儿园的保健医生教教我们。掌声欢迎！

（二）保健医生边演示刷牙的正确方法边念儿歌

保健医生：嗨，小朋友我来了，我们刷牙的正确方法首先是选择合适的儿童牙刷和儿童牙膏。牙齿要重复刷，这样才能把牙齿里的食物残渣刷干净。送你们一首好听的儿歌，一起来边听边看我怎么刷牙吧！"小朋友要爱牙，早起晚睡先刷牙。上牙从上往下刷，下牙从下往上刷。咬合面，来回刷，每个地方五六下。"喜欢吗？再送你们一张刷牙图谱，小朋友们要学会正确刷牙哦。

（三）幼儿看着图谱，边做动作边念刷牙歌

（四）幼儿现场练习刷牙

师：现在我们每位小朋友都拿出桌子下准备的刷牙用具，按图谱和儿歌说的方法来刷牙吧！

幼：牙牙刷完啦。

师：现在小朋友再拿出镜子看看自己的牙齿，有什么变化吗？

幼：更干净更洁白了。

师小结：老师很高兴小朋友知道怎么保护牙齿，还学会刷牙了。真棒！

〔评析：这个环节是本次活动的难点，先让大部分幼儿观察个别幼儿刷牙的行为来发现不正确的刷牙方法，既是了解幼儿的现有水平摸清学情，也是在引导幼儿发现问题。接着，利用幼儿园现有的资源——保健医生，对幼儿进行现场示范引导，让幼儿直观地学习。然后，再让幼儿将学到的知识经验在亲身体验中得以实践练习。整个过程幼儿很投入很快乐〕

六、活动延伸

师：我们的牙齿就像鸡蛋壳一样，老师提供了鸡蛋、牙膏、醋、可乐饮料，小朋友们可以在区域活动时动手做做"蛀牙小实验"。

师：我们国家为了让更多人关注牙齿健康，预防口腔疾病，特地将每年的9月20日定为"全国爱牙日"。老师希望每位小朋友都养成饭后漱口、早晚刷牙的好习惯，成为爱牙小卫士。

〔评析：通过活动延伸为幼儿创设更为广阔自主的活动空间和材料，帮助幼儿在更自由的环境中去探究自己感兴趣的内容，发现未知的牙齿卫生小秘密，从而养成良好的护牙习惯，提高生活自理能力〕

语言领域

"摇篮"片段教学实录

吴爱珠

活动目标

1. 理解诗歌内容，能有感情地朗诵。
2. 能根据诗歌的语言特点尝试仿编诗歌。
3. 感受诗歌的优美意境，萌发热爱自然、热爱生活的情感。

活动准备

经验准备：幼儿已了解小宝宝睡摇篮、妈妈摇着宝宝睡觉的情景。

物质准备：多媒体课件；画有蓝天、白云、大海、浪花、花园、风儿、妈妈、摇篮等背景的操作卡人手一张；太阳、月亮、小虾、螃蟹、小草、蜜蜂等创编所需的小图片若干；《摇篮曲》。

活动过程

一、出示摇篮，融入情境

师：小朋友们看看，这是什么？

幼：摇篮。

师：对了，是摇篮。摇篮是干什么的呢？

幼₁：给小宝宝睡觉的。

幼₂：我小时候也睡在里面，妈妈一摇我就睡着了。

师：说得真好，摇篮就是小宝宝的床，睡在里面可舒服了。

师：让我们一起听着摇篮曲，学着妈妈的样子把宝宝轻轻哄睡着吧！

〔评析：摇篮的出示，有效地唤醒了幼儿的已有经验，使自然、轻松的师生交流融入温馨的情境，激发了幼儿的兴趣，为下一步学习诗歌奠定了良好的基础〕

二、学习诗歌，感受意境

（一）欣赏无声课件，鼓励大胆猜测

师：其实我们生活中还有很多不同的摇篮，今天我也把它们带来了，想不想看一看？

（欣赏无配音的课件）

师：你刚才看到了什么？觉得什么像摇篮呢？它摇着谁？

幼₁：我看到了大海，它是鱼宝宝的摇篮。

幼₂：我看到了星星，白云是它的摇篮。

幼₃：花园里有很多的小花，风吹起来是它的摇篮。

（二）欣赏配音课件，理解诗歌内容

师：小朋友说得真不错，到底什么是摇篮，摇着哪些宝宝？答案就藏在这段动画的诗歌里。

（完整欣赏加配音的课件）

师：诗歌里有哪些摇篮？它们摇着什么宝宝？谁会用诗歌中的话来说一说？

幼1：我听到蓝天是摇篮，摇着星宝宝。

幼2：大海是摇篮，摇着鱼宝宝。

师：听得真仔细，还有谁听到的摇篮和他们不一样的？

幼1：妈妈的手是摇篮，摇着小宝宝。

幼2：还有花园是摇篮，摇着花宝宝。

师：为什么说蓝天是星宝宝的摇篮？大海是鱼宝宝的摇篮？花园是花宝宝的摇篮？妈妈的手是小宝宝的摇篮？

幼1：因为星宝宝睡着了。

幼2：因为花宝宝和鱼宝宝也睡着了。

幼3：因为妈妈一摇，唱着歌小宝宝就睡了。

（三）分段欣赏，完整感知诗歌

师：星宝宝是怎样睡着的？我们一起看一看。

（播放诗歌中第一小节的课件）

幼1：白云摇着它，它就睡着了。

幼2：到了晚上星星就睡着了。

师：原来白云轻轻飘，星宝宝睡着了。

师：我们来一边读儿歌一边学着白云哄星宝宝睡觉，好吗？

幼1：蓝天是摇篮，摇着星宝宝；白云轻轻飘，星宝宝睡着了。

师：鱼宝宝是怎样睡着的？

（播放诗歌中第二小节课件）

幼1：浪花轻轻翻，鱼宝宝睡着了。

师：谁来学学浪花是怎么翻的，我们一起学一学！

（师幼边说边做动作）

师：花宝宝和小宝宝又是怎样睡着的？

（播放诗歌中第三、四小节的课件）

幼：风儿轻轻吹，花宝宝睡着了；歌儿轻轻唱，小宝宝睡着了。

〔评析：通过课件不同形式的出示，不仅激发了幼儿的大胆猜测，还形象生动地再现了诗歌的内容；不仅帮助幼儿从直观的视觉上感知了诗歌的美，还有效帮助幼儿进行了诗歌内容的记忆。在活动中充分调动幼儿的多种感官，借助音乐、动作、语言、图片等多种方式，帮助幼儿感受诗歌美好的意境〕

（四）诵读诗歌，体会优美意境

师：宝宝们都要睡着了，我们能不能吵醒他们？

幼₁：不能。

师：我们要用什么样的声音来朗诵这首诗歌呢？

幼₁：轻轻的声音。

幼₂：我们可以小声地说。

幼₃：用好听的声音来朗诵。

师：对了，我们一起看着图画，用好听的声音读一读，千万别吵醒他们！

（师幼齐读儿歌）

师：下面我们要分成四组，愿意哄星宝宝睡觉的站这边，愿意哄鱼宝宝睡觉的站这边，愿意哄花宝宝睡觉的站这边，愿意哄小宝宝睡觉的站这边。

（幼儿自愿选择角色朗诵诗歌，并可多次交换角色游戏）

师：这么美的诗歌，我们一起加上好看的动作，看谁做得最美。

（播放《摇篮曲》，幼儿一边朗诵诗歌一边创编动作）

〔评析：朗诵诗歌的语气在幼儿感知意境、自主讨论中产生，感受很深；朗诵形式的多样性和自主选择性，大大激发了幼儿多次朗诵的兴趣，充分体现了幼儿在前，老师在后的教育思想〕

三、操作想象，积极仿编诗歌

师：还有很多的宝宝也想到蓝天、大海、花园这些摇篮里去睡一觉，瞧，都有哪些宝宝呀？

（教师一一出示小图片）

幼$_1$：有太阳、月亮。

幼$_2$：还有小虾、螃蟹。

幼$_3$：还有小草、蜜蜂。

师：小朋友眼睛真亮，那你觉得它们分别睡到哪个摇篮里最合适，最舒服呢？请每个小朋友拿出操作卡，试着把它们送到喜欢的摇篮里，再和旁边的好朋友说说为什么。

幼$_1$：太阳和月亮都在天上，所以我把它们送到蓝天摇篮里。

幼$_2$：大海里有小虾和螃蟹，我就把它们送回了大海摇篮里。

幼$_3$：小草长在花园，蜜蜂在花园采蜜，所以花园是小草和蜜蜂的摇篮。

师：小朋友平时观察得真仔细，你能把我们刚刚送的图片也编到诗歌里去吗？谁先来试试把太阳编到诗歌的第一段中去？

幼$_1$：蓝天是摇篮，摇着太阳宝宝；白云轻轻飘，太阳宝宝睡着了。

师：真棒，说得很完整。还有谁来试试把螃蟹也编进去？

幼$_2$：大海是摇篮，摇着蟹宝宝。

师：蟹宝宝是怎样睡着的呢？

幼$_1$：浪花轻轻翻，蟹宝宝睡着了。

师：说得好不好？我们跟着他一起来学一学！

幼：大海是摇篮，摇着蟹宝宝，浪花轻轻翻，蟹宝宝睡着了。

师：还有谁没编进去呀？

幼：小虾、小草、蜜蜂。

师：那我们一起用好听的声音把它们也编到诗歌里去，好吗？

师幼：大海是摇篮，摇着虾宝宝，浪花轻轻翻，虾宝宝睡着了；花园是摇篮，摇着草宝宝，风儿轻轻吹，草宝宝睡着了；妈妈的手是摇篮，摇着小宝宝，歌儿轻轻唱，小宝宝睡着了。

师：我们看着手上的图卡，把新编的诗歌完整地朗诵一遍！别忘了，要轻轻的，不能吵醒它们噢！

（师幼完整朗诵创编诗歌）

师：小朋友回去找一找，还有什么也可以变成摇篮，摇着不同的宝宝睡觉呢？如果找到了，也可以试着编到诗歌里去！

〔评析：本环节有效利用操作卡的背景和小图标，引导幼儿在观察操作中想象、仿编诗歌，使得幼儿能够看着图片更好地进行创编，也为幼儿连贯地朗诵创编后的诗歌提供了基础〕

活动延伸

1. 将图片放在语言区供幼儿自己练习朗诵诗歌。
2. 回家后用自己的方式感谢妈妈以及家人的爱。

附：

摇篮

蓝天是摇篮，摇着星宝宝，

白云轻轻飘，星宝宝睡着了；

大海是摇篮，摇着鱼宝宝，

浪花轻轻翻，鱼宝宝睡着了；

花园是摇篮，摇着花宝宝，

风儿轻轻吹，花宝宝睡着了；

妈妈的手是摇篮，摇着小宝宝，

歌儿轻轻唱，小宝宝睡着了。

"绕口令"片段教学实录

周云凤

活动目标

1. 学习发准平舌音"s"和翘舌音"sh"，区分"ou"与"uo"的音。
2. 熟悉绕口令内容，能快速朗诵绕口令，语言流畅，音调准确。

3. 体验学习绕口令的乐趣。

活动准备

经验准备：幼儿学习过绕口令。

物质准备：狗、猴的头饰；数字卡片 4 和 10 若干；两首绕口令的小图标及图谱；纸、笔、响板、沙球等。

活动过程

一、介绍新朋友，激发兴趣

师（出示狗、猴的头饰）：今天，我们班来了两位新朋友，猜猜它们是谁？跟它们打个招呼吧。

〔评析：简单直白的游戏导入，较快地集中了幼儿的注意力，营造了悬念，也使教学尽快进入主题，为后面的环节作好铺垫。新朋友的出现，礼貌的招呼，平等的交流等师幼共同参与体验的过程，激发了幼儿对学习绕口令的兴趣〕

二、学习绕口令《狗和猴》，演演说说

（一）赏哑剧，理解内容

师：我们一起来看一看，小狗和小猴在干什么？

（请两位幼儿戴上狗和猴的头饰，表演绕口令内容。师幼一起欣赏哑剧）

师：猜一猜，小狗和小猴在干什么？

幼$_1$：它们在过小桥，后来又都退回去了。

幼$_2$：小狗从一边走上桥，小猴从另一边上来了。

幼$_3$：它们走到桥中间，你看看我，我看看你，又往回走了，都没过去。

（再次观看情境表演，师用绕口令中的句子解说）

师：你们看得真仔细，有一首儿歌就是说狗和猴过桥这件事的，我们一边看表演，一边仔细听一听。

（老师慢慢说绕口令，引导幼儿观察狗和猴的表情）

〔评析：由无声的哑剧表演到有声的示范朗诵，两次既有联系又有区别的情境表演，让幼儿在自然轻松的氛围中观看、欣赏、猜想、倾听与交流，初步了解绕口令的特点及内容，主动参与活动，有效地调动了幼儿参与的积极性〕

（二）看图谱，学习儿歌

师：你听到儿歌里都说了些什么？小狗在干什么？它的表情是怎样的？小猴是怎么做的？……

（教师根据幼儿的回答，相机出示相应的小图标）

〔评析：教师有意将"太阳"贴在黑板的右上角，将"山脉"贴在黑板的左下角，"独木桥"贴在中间，运用小图标——东边的"太阳"，西边的"山脉"，中间的"独木桥"，让幼儿理解掌握"桥东""桥西"这两个方位词的含义〕

师：我们一起看着图谱，说一说小狗和小猴过桥的儿歌。

师：小狗和小猴跟我说，谁能把这首儿歌说得又快又对？

（练习方式由易到难，由慢到快，注意发准"狗""猴""走""头"等音）

师：你们在学绕口令时都遇到了哪些困难？有什么好办法解决？

（三）玩游戏，提升经验

师：绕口令是一种非常有趣的语言游戏，我们就一起来玩一玩游戏，好吗？

1. 图标演示。

师：小图标要与我们玩游戏了，我们一边看着小图标狗、猴在独木桥上演示，一边把这首绕口令说出来。

2. 手指游戏。

师幼以自己的左右手拇指分别扮演"狗""猴"，边念绕口令边进行表演：

桥东走来一条狗（伸右拇指），

桥西走来一只猴（伸左拇指），

行到桥心相碰头（左右拇指相对而碰），

彼此匆匆跑回头（左右拇指快速分开掉头），

猴跑几步望望狗（左拇指朝右拇指弯两下），

狗跑几步望望猴（右拇指朝左拇指弯两下），

不知是猴怕狗还是狗怕猴（转头分别望望左右拇指）。

〔评析：图标演示让儿歌内容得到更形象、生动、直观、具体的展示，提高了幼儿敏捷的反应能力；在察觉到幼儿对绕口令中的第四句"彼此匆匆跑回头"还不太理解的基础上，采用手指游戏能更好地帮助幼儿进一步理解绕口令的意义〕

三、学习绕口令《四和十》，画画说说

师：小狗和小猴互相谦让，谁也不怕谁，成了好朋友。为了感谢你们的帮助，它们还带来了许多礼物呢。

（教师在黑板上出示数字卡片 4 和 10）

〔评析：本环节首先以小动物的口吻出示"礼物"——数字卡片，让幼儿玩猜数游戏，并说说 4 和 10 读起来有什么不同，让幼儿初步感知平、翘舌音的不同发音，起到了承上启下、吸引幼儿注意、引起幼儿兴趣的作用〕

（一）看数字，发准字音

1. 自主练习说准 4 和 10。

（1）单音字练习（四和十）：请小朋友看着这两个数字大声念出来，交换数字的位置练习，闭眼辨音练习，学习准确而熟练地发音。

（2）双音节和三个音节的练习（四十、十四、四十四）：把两个数字连起来练习（4，10；10，4），把三个数字连起来练习（4，10，4；10，4，10）。

（3）观察老师的舌头练习。

师：要想说对四，要注意什么？要想说对十，要注意什么？

（师幼讨论：怎样才能说对四和十）

〔评析：发准平舌音、翘舌音等是幼儿语言表达能力训练的难点，用绕口令当中的句子"要想说对四，舌头碰牙齿。要想说对十，舌头别伸直"来纠正幼儿的发音，老师准确、清晰的示范，幼儿对教师舌头和牙齿位置的认真观察，让幼儿感受到平、翘舌音的异同〕

2. 同伴互相练习说准 4 和 10。

师：你们的小椅子上都贴有数字 4 或 10，找到后就贴在自己的胸前，说一说自己的数字，然后去找一个贴有不同数字的朋友比比谁说得清楚、准确。

（教师进行巡查及个别辅导，提醒幼儿互相练习与纠正字音，注意观察同伴的舌头和牙齿的位置）

（二）听儿歌，画出内容

师：小狗和小猴说，4 和 10 也有一个好听又好玩的绕口令，它们想考考我们小朋友，让我们把它们说的《四和十》绕口令画下来，大家有信心吗？

师：我们请小动物慢慢说，我们一边听一边画。

（三）说图画，理解内容

师：都画好了吗？谁来给大家说一说自己画的绕口令内容？

（四）看图谱，练习儿歌

师：老师也把刚才的儿歌画下来了，我们一起来看一看，说一说吧。

（教师出示自己画的绕口令内容，引导幼儿借助图谱学习整首绕口令）

1. 教师由轻声到高声，再由高声到轻声连说两遍。

2. 要求幼儿以小组为单位做游戏练习，第一组念第一句，第二组念第二句，第一组接第三句……

〔评析：在运用多种方法练习的过程中，让幼儿进一步感受绕口令的有趣；加大了翘舌音的练习量，更能体现教材重难点的突破；在练习"四"和"十"时，提醒幼儿同时发准"是""说""舌""伸""直"等其他的翘舌音，收到了预期的效果〕

四、比赛大比拼，巩固本领

师：这里有许多狗与猴的头饰，我们每个小朋友找一个你喜欢的动物头饰戴在头上，戴好了吗？看看自己扮演的是什么小动物？

幼1：我是小狗。

幼2：我是小猴。

师：扮演小狗的小朋友站在这一边，扮演小猴的站在另一边，绕口令比赛现在开始。

第一关：

教师出示绕口令《四和十》《狗和猴》图谱，幼儿分组念绕口令，比一比哪一组说得又快又对又整齐，获胜组得到一颗五角星。

第二关：

每组选派 3 名代表来朗诵绕口令，其余幼儿做评委，教师引导幼儿观察表演者的表情、动作，并根据要求予以评价：哪组代表表现不错？为什么？获胜组得到一颗五角星。

第三关：

师：你们还会说哪些绕口令？小狗组的代表先来说，看看哪一组会说的绕口令又多又好。

（提供响板、沙球等乐器，供幼儿表演用）

第四关：

师幼共同表演学过的绕口令。

〔评析：第一关、第二关鼓励幼儿采用小组、个人表演的方式大胆展示所学的两个绕口令，鼓励他们根据自己的认识和情感体验，借助动作，创造性地开展表演活动，同时认真倾听他人的表演，并给同伴提出意见和建议；第三关旨在引导幼儿回忆以前学过的绕口令并踊跃表现自己，规则是每组新增一个绕口令而且说得又快又准者得到一颗五角星，最后统计五角星数量；第四关，教师和幼儿一起表演学过的绕口令，进一步体验绕口令发音的诙谐、幽默〕

师：刚才你们表演得真棒，小狗和小猴都把视频拍下来了，它们要把你们说绕口令的本领带给更多的小动物欣赏呢。

活动延伸

1. 区域活动：在语言区投放两首绕口令的图谱及其他一些学过的绕口令图片，让幼儿进一步巩固练习。

2. 家园共育：请幼儿回家后把这两首绕口令朗诵给自己的爸爸妈妈、爷爷奶奶欣赏，并请家长与幼儿一起收集、学习更多的绕口令。

3. 播放视频：相声演员说绕口令的片断。

"小蝌蚪找妈妈（新编）"片段教学实录

朱国平

活动目标

1. 理解新编故事内容，有序地讲述故事。

2. 能根据动漫人物的特点猜想人物语言，并尝试用不同的语气讲述、表演。

3. 喜欢与同伴一起讨论故事内容，体验自由表演的快乐。

活动准备

经验准备：幼儿熟悉故事《小蝌蚪找妈妈》。

物质准备：动画片《小蝌蚪找妈妈》，幼儿熟悉的白雪公主、唐老鸭、蜡笔小新、孙悟空、红太狼、美女蛇妖、哪吒、奇奇和巧虎、懒羊羊等动漫形象的视频或图片。

活动过程

一、回忆原故事，导入新活动

（一）观看故事开头

师：暖和的春天来了，还有谁也来了？

幼：青蛙。

师：青蛙妈妈从泥洞里爬了出来，扑通一声跳进池塘里，在水藻上生下了许多黑色的圆圆的卵，这些卵慢慢地变成了大脑袋、长尾巴的小蝌蚪。这就是小蝌蚪找妈妈的故事。

（二）回忆故事内容

师：故事里小蝌蚪在找妈妈的时候遇到了谁，它是怎么回答小蝌蚪的呢？

幼$_1$：遇到了鸭妈妈，鸭妈妈说，小蝌蚪的妈妈是四条腿，嘴巴又宽又大。

幼₂：遇到了乌龟妈妈，乌龟妈妈说，它们的妈妈有两只大眼睛。

幼₃：遇到了金鱼妈妈，金鱼妈妈说，它们的妈妈是白肚皮。

〔评析：通过幼儿回忆故事，帮助幼儿回忆故事中人物的语言，是对创编故事中动漫人物语言的一个铺垫。创编不能凭空，需要有一定的依据，传统故事里的内容就是新编故事里语言创编的依据和情节发展的线索〕

二、欣赏新动画，了解新故事

（一）欣赏动画，了解新编故事中的动漫人物

师：今天也有一群小蝌蚪到池塘里找妈妈，它们会遇到谁呢？它们会先遇到谁，后遇到谁？请你们仔细看清楚，看清它们的顺序。

（幼儿欣赏没有配音的新编故事《小蝌蚪找妈妈》）

师：小蝌蚪们看到小鸡跟着鸡妈妈在草地上捉虫吃，它们也想要找自己的妈妈。它们在找妈妈的过程中，第一个遇到的是谁？最后一个遇到的是谁？

幼₁：第一个遇到的是白雪公主。

幼₂：最后一个遇到的是懒羊羊。

（二）小组合作排列动漫指偶，分析故事中动漫人物的先后顺序

1. 小组合作按顺序摆放动漫人物。

师：小蝌蚪在找妈妈的过程中，中间还遇到了谁？它们就在桌子上的篓子里，请每组的小朋友们按照它们出现的顺序来摆一摆。

2. 交流摆放的顺序。

师：请小朋友来说说，小蝌蚪们都遇到了谁？

幼：遇到了白雪公主、唐老鸭、蜡笔小新、孙悟空、红太狼、美女蛇妖、哪吒、奇奇和巧虎、懒羊羊。

3. 教师出示动漫排列顺序，幼儿验证、调整摆放顺序。

师：我们小朋友是一口气把这么多的人物说出来的，听一听老师用什么好听的话来讲一讲呢？先遇到了白雪公主、唐老鸭、蜡笔小新、孙悟空，又遇到了红太狼、美女蛇妖、哪吒，最后遇到了奇奇和巧虎、懒羊羊。

（教师边说边点出动画形象）

师：检查自己排列的顺序对不对，不对的赶快进行调整。

〔评析：幼儿看没有配音的故事，根据记忆摆放动漫人物的顺序，教师在公布动漫人物顺序时，用了三个词"先""又""最后"，也将幼儿关注的故事情节划分为开始、高潮和结果，潜移默化地引导幼儿了解故事的结构〕

三、分析新故事中的动漫语言，理解故事

（一）分析、猜测动漫人物会对小蝌蚪说的话

师：小蝌蚪们很想知道自己的妈妈是谁，长什么样。他们会告诉小蝌蚪答案吗？猜猜他会对小蝌蚪说些什么？

幼₁：你们的妈妈有大眼睛，嘴巴又宽又大。

幼₂：你们的妈妈有四条腿。

幼₃：你们的妈妈白肚皮，穿的是绿衣裳。

（二）引导幼儿根据动画形象的性格特点，分析、猜测动画形象会对小蝌蚪说的话

师：白雪公主很有爱心，她会对小蝌蚪说什么？

幼：你们的妈妈有两只大眼睛，嘴巴又宽又大。

师：美女蛇妖会告诉小蝌蚪他们的妈妈是什么样吗？

幼：美女蛇妖不会告诉小蝌蚪他们的妈妈什么样子的，它会骗小蝌蚪。

（三）幼儿欣赏由老师配音的动画

师：有些角色跟我们猜的差不多，他都是怎么说的，你们听清楚了吗？能说给大家听听吗？

幼₁：孙悟空说，你们的妈妈有四条腿。

幼₂：懒羊羊说，恭喜你们找到了自己的妈妈。

幼₃：美女蛇妖说，孩子们，跟我走吧。

〔评析：本环节中幼儿看无声动画，根据动漫人物的原有性格特点，大胆猜测他们在新故事中的语言，满足了幼儿大胆创编的欲望。欣赏教师的配音，既是一种学习，也是一种创编经验的获得〕

（四）分段欣赏配音动画，模仿讲述动漫人物的语言

师：他们都说了些什么呢？我们再来分段欣赏一下吧。

1. 分段欣赏第一段（白雪公主、唐老鸭、蜡笔小新、孙悟空），集体跟动画表演。

（播放第一段）

师：这一段有哪些人物？他们分别说什么了？

幼₁：白雪公主说，你们的妈妈有两只大眼睛，嘴巴又宽又大。

幼₂：唐老鸭说，啊欧，我可不是你们的妈妈。

幼₃：蜡笔小新听到了，嘟着嘴说，没有妈妈管，真是太幸福了，为什么要找妈妈呢？

幼₄：孙悟空说，俺老孙知道，它有四条腿。

师：白雪公主很善良，声音很好听；唐老鸭每次说话前都要加上"啊欧"的语气词；蜡笔小新说话的声音闷闷的；孙悟空说话比较快。

师：我们配上动画片一起来说一说。我是小蝌蚪，你们是小蝌蚪遇到的人，要注意说话的语气。

2. 欣赏第二段（红太狼、美女蛇妖、哪吒），个别幼儿表演。

师：小蝌蚪到现在还没有找到妈妈，你们说，它们会不会放弃？可是，它们遇到危险了。

（播放第二段）

师：刚才小蝌蚪遇到了什么危险人物？谁进行了阻止？

幼₁：遇到了红太狼和美女蛇妖。

幼₂：是哪吒出来阻止的。

师：红太狼和美女蛇妖说什么了？

幼₁：红太狼说，呵呵，可别把我当成你们的妈妈。

幼₂：美女蛇妖说，别以为你披着羊皮，人们就不认识你，孩子们，跟我走吧。

师：哪吒是怎么阻止的？

幼：哪吒说，它根本就不是你们的妈妈，它们都不是。

师：请3名小朋友来表演一下，要注意美女蛇妖很想欺骗小蝌蚪们，声音要假装很善良；哪吒很勇敢，声音要比较响亮。

3. 欣赏第三段（奇奇和巧虎、懒羊羊），集体直接讲述。

师：小蝌蚪总也找不到妈妈，它们会继续找妈妈吗？我们来看第三段。

（播放第三段）

师：这时它们得到了谁的帮助呢？奇奇对巧虎是怎么说的？我们一起表演出来吧。

〔评析：分段欣赏有利于幼儿深入理解不同人物的语言特点，也有利于幼儿更细致地模仿和讲述、表演〕

四、选择角色，完整表演故事

（一）幼儿自由选择角色，模仿对话，表演故事

师：这么多的动漫人物，你最喜欢表演谁？在桌上的指偶当中，选出自己喜欢的戴在手上，看看你选的是什么角色，它是小蝌蚪第几个遇到的，轮到你讲的时候，你就要赶快站起来说。

（播放完整的动画，幼儿表演）

（二）选择角色，独立表演故事

1. 完善小蝌蚪表演时的语言。

师：小蝌蚪找妈妈时，问了些什么问题？

幼$_1$：你见过我们的妈妈吗？

幼$_2$：你知道我们的妈妈长什么样子吗？

幼$_3$：我们的妈妈到底在哪里呀？

2. 分配选择角色，完整表演故事。

师：哪些小朋友愿意来表演小蝌蚪？哪些小朋友愿意表演其他的角色？每人选一个角色，小蝌蚪要游到一起来。其他角色按出场顺序排好队，一样的角色要在一起。

（完整播放动画片，幼儿表演）

〔评析：两种不同的角色分配方法，满足了幼儿不同的表演需求，更是让幼儿体验了完整表演的过程〕

五、故事延伸，律动中结束活动

师：小蝌蚪渐渐地长大了，先长出了两条后腿，又长出了两条前腿，小

尾巴也不见了，它们变成了小青蛙。我们一起去田里捉害虫吧。

（播放《小青蛙》歌曲，幼儿与教师自由律动）

〔评析：轻松的律动中，既有科学知识的巩固，又是故事的延伸，巧妙地回答了"小蝌蚪是怎么样变成青蛙的"〕

活动延伸

1. 语言区：准备多个动漫人物，幼儿可自由选取创编讲述故事。
2. 科学区：青蛙的生长过程图，幼儿可以按生长顺序排列。

附：

《小青蛙找妈妈》新编

青蛙妈妈从泥洞里爬了出来，扑通一声跳进池塘里，在水藻上生下了许多黑色的圆圆的卵，这些卵慢慢地变成了大脑袋、长尾巴的小蝌蚪。小蝌蚪看到草地上有一群小鸡，它们跟着鸡妈妈学捉虫，小蝌蚪也想起了自己的妈妈。它们你看看我，我看看你。"我们的妈妈在哪里呀？"它们一块儿去找妈妈。

小蝌蚪看到了白雪公主，白雪公主说："你们的妈妈，它有两只大眼睛，嘴巴又宽又大。"

小蝌蚪想起了唐老鸭："你是我们的妈妈吗？"

唐老鸭说："啊欧，我可不是你们的妈妈。"

蜡笔小新听到了，嘟着嘴说："没有妈妈管，真是太幸福了，为什么要找妈妈呢？"

小蝌蚪不管它，继续游呀游，遇到了孙悟空："你知道我们的妈妈长什么样吗？"

孙悟空说："俺老孙知道，它有四条腿。"

红太狼听见笑了："呵呵，可别把我当妈妈。"

美女蛇妖听了游过来："别以为你披着羊皮，人们就不认识你。孩子们，跟我走吧！"

哪吒听见了说："胡说，它根本就不是你们的妈妈。它们都不是。"

"那到底谁才是我们的妈妈呢？"小蝌蚪你看看我，我看看你。

奇奇和巧虎看见了，奇奇对巧虎说："聪明的巧虎，你快告诉它们，它们的妈妈是谁呀。"巧虎说："哇哦，是青蛙。"

青蛙游过来说："孩子们，我才是你们的妈妈呀。""哦，妈妈！妈妈！"

"恭喜大家都找到妈妈了。"懒羊羊高兴地说。

"小袋鼠旅行记"片段教学实录

吴亚梅

活动目标

1. 观察图片，大胆猜想，能连贯地说出图片内容。

2. 知道生活中的一些标志及标志的含义。

3. 理解故事情节，体验同伴之间相互帮助的美好情感。

活动准备

物质准备：方向盘一只，正面是汽车方向盘，背面有红灯、绿灯、公交车站、医院、当心触电等标志；开汽车的音乐；图1—图6的PPT；大图三组（图7、图8为一组，图9、图10为一组，图11、图12为一组）；幼儿图书人手一册。

活动过程

一、谈话导入，引发兴趣

师：小朋友们，你们喜欢旅行吗？旅行需要带哪些东西呢？

幼1：带很多好吃的。

幼2：带照相机。

幼3：带太阳帽。

师：要是去大海边旅行，海边有很多好玩的沙子，你还会带什么呢？

幼：玩沙的工具。

幼：铲子、桶。

师小结：我们出去旅行，要带上苹果、香蕉等好吃的东西；要带上照相机，把好看的风景拍下来；如果到了大海边，我们带上玩沙工具，还可以玩沙呢。

〔评析：教师以谈话导入，让孩子从自己旅行的经历中得出旅行需要带的一些必备物品的经验，为接下来小袋鼠的旅行进行经验迁移〕

二、游戏"开汽车"

师：太好了，听你们这样一说，我都想去旅行了，你们想去吗？

幼：想！

师：好，我们一起去旅行了！不过路上可能会有一些标志，大家可要注意看。准备好了吗？我们出发了！

（音乐，师幼一起开汽车）

师（把方向盘转过来，翻出红灯标志）：看，前面有红灯，我们的汽车要怎样？

幼：遇到红灯停下来。

师：对，你们都是遵守交通规则的好司机，遇到红灯停一停。

师：看，数字到 10 了，10、9、8、7、6、5、4、3、2、1，绿灯亮了（师翻出绿灯标志），我们继续前进。

师：我们继续往前开，咦，这里有医院的标志，汽车马上经过医院，注意车辆与行人，慢慢开。看，前面马上到哪里了？这是公交车站的标志，车站马上要到了，请大家拿好自己的行李，准备下车。

〔评析：以游戏"开汽车"帮助幼儿进入特定的情境，在边玩边看中，幼儿对一些标志有了一定的认识，为故事作了一个很好的铺垫。汽车方向盘教具设计巧妙，操作方便，灵活多变，一面是方向盘，一面是可以翻开的标志，给人眼前一亮的感觉〕

三、分享故事，观看 PPT 图 1—图 6，引导幼儿观察图片，大胆猜想

（一）出示 PPT 图 1

师：今天，有一个动物朋友也去旅行了，小朋友们知道它是谁吗？

幼：小袋鼠。

师：原来小袋鼠也出去旅行了，你们从哪里看出小袋鼠也是去旅行的呢？

幼：背的包。

幼：包里塞了满满的东西。

师：你们看得真仔细。真不错！那你们猜猜看，小袋鼠是到哪里去旅行呢？

幼$_1$：那上面有椰子树。

幼$_2$：是海南，我去过。

师：小袋鼠来到了海边。它是怎么来到海边的？

幼：那上面有公共汽车，是坐汽车去的。

师：来到海边的小袋鼠，这时心情怎样？

幼：高高兴兴的。

师：你是怎么看出来的？

幼：小袋鼠嘴巴张得大大的，很开心的样子！

师小结：放假了，小袋鼠准备去旅行，它的兜里和小背包里塞满了东西。太阳出来了，小袋鼠就出发了，它先乘坐了一段公交车，下车后它高高兴兴地来到了风光秀丽的海边。

（二）出示 PPT 图 2

师：刚才还高高兴兴的小袋鼠，现在怎么了？发生了什么事？

（鼓励幼儿大胆猜想）

幼$_1$：地上有棒棒糖、球。

幼$_2$：东西丢了，在找东西。

师：小袋鼠真的丢了东西吗？它丢了什么东西？

幼$_1$：那个椭圆形的圆圈里可能是小袋鼠丢的东西。

幼$_2$：小袋鼠丢了照相机、苹果。

幼$_3$：还有那个铲子。

师：小袋鼠刚才还高高兴兴的，你们看现在的小袋鼠心情怎样？

幼₁：很糟糕。

幼₂：不高兴。

幼₃：很难过。

幼₄：很着急。

师：你是怎么看出来小袋鼠现在很着急的？着急的时候你会怎么办？

幼₁：打电话给妈妈。

幼₂：打110。

（三）出示 PPT 图 3

师：小袋鼠真的打电话给妈妈了，那小袋鼠会对妈妈说什么呢？妈妈又会对小袋鼠说什么呢？

师：现在我就是小袋鼠妈妈，谁来当我的袋鼠宝宝？

（老师当袋鼠妈妈，师幼现场演示情境，帮助幼儿理解故事情节）

幼：喂，妈妈！

师：袋鼠宝宝，发生什么事情了？不急，慢慢说。

幼：妈妈，我的东西弄丢了。

师：别急，你好好想一想，你路上经过了哪些地方？

师小结：小袋鼠打电话给妈妈，妈妈说：别急，你好好想一想，你路上经过了哪些地方？

（四）出示 PPT 图 4、图 5、图 6，引导幼儿观察说出医院、公交车站与当心触电的标志

师：小袋鼠经过了哪些地方呢，你们看出来了吗？

（图 4、图 5、图 6 按顺序放好）

幼₁：经过了医院。

师：你们看到了医院的标志。对的，是经过了医院。除了医院，还经过了哪些地方呢？

（出示图 5）

师：这幅图上有个标志，谁能找出来？这是什么标志？

师：这里有个圆圆的标志，立在路边，这是公共汽车站的标志。小袋鼠经过了公共汽车站。

（出示图6）

师：这里的标志是什么形状的？什么标志？

师：这里有个三角形的标志，是当心触电，这里有危险，不要靠近的意思。

师：刚刚看到了三个标志，让小袋鼠一下子就找到了自己经过的地方。这些标志给我们的生活带来了方便，你们还见过哪些标志呢？

幼：红灯、绿灯、禁止通行、学校标志、肯德基老爷爷标志。

师小结：小袋鼠想了想，咦？会不会跳上公交车时，相机从兜里掉了下来？会不会经过医院躲闪救护车时，沙铲从背包里滑了下来？会不会躲开高压电杆时，苹果从兜里滚了下来？

〔评析：此环节让幼儿经验迁移，从自己的亲身经历，想象小袋鼠此时的心情，让幼儿入景入情。通过引导幼儿观察图片，体验到由高兴到着急不一样的心情。结合标志，帮助幼儿回忆小袋鼠经过了哪些地方，拓展幼儿的思维，体验标志给我们生活带来的方便〕

四、自由观察三组大图，同伴间相互交流

师：刚才全部是小袋鼠自己想的，那到底是怎么回事呢？小袋鼠决定自己返回原路找一找，它会遇到哪些小动物？它们之间又会发生什么事情呢？请大家来看这三组大图，每一幅图都要看。

（幼儿跟同伴自由看图）

师：三组大图都看过了吗？谁来跟大家说说。

幼：小袋鼠来到了公共汽车站。

师：你看的是这两幅图吗？把图7、图8拿到前面。

幼：公共汽车站的标志下，小狗拿着相机在等。看到小袋鼠，小狗把相机给小袋鼠，说"小心别再丢了"。小袋鼠说："谢谢你小狗，我们一起去玩吧！"

（情境表演，巩固对话，让幼儿学会礼貌用语）

师：我们也来学学小袋鼠和小狗，你们愿意当小袋鼠还是小狗？

师：好，你们当小狗，我来当小袋鼠。小狗把相机给小袋鼠，说什么？

幼：小心别再丢了。

师：那小袋鼠又会怎么说？

幼：谢谢你小狗，我们一起去玩吧！

师：有了朋友的帮助，小袋鼠真开心，你是怎么看出来小袋鼠很开心的？

幼：小袋鼠嘴巴咧得大大的。

（依次对剩下两组大图一一解说，鼓励幼儿进行表演，巩固礼貌对话）

师小结（出示图13）：小袋鼠找回了丢失的东西，在阳光下，四个好朋友手拉手，高高兴兴地向沙滩走去。它们心里想，今天过得可真不一般。

〔评析：此环节教师让幼儿自由观察图片，满足幼儿想说、敢说、喜欢说的愿望。小袋鼠与三个小动物的对话，句式相同，进行情境表演让幼儿有身临其境的感受，同时体验到同伴帮助的快乐与幸福的美好情感〕

五、师幼看图书一起讲故事

幼儿拿出自己的图书，会正确翻书，一页一页翻看，跟老师一起讲故事。

师：今天这个故事，我们一起来给它取个好听的名字——《小袋鼠旅行记》。

六、开汽车回家

师：小袋鼠跟好朋友去沙滩边玩耍了，现在时间不早了，我们也该回家了。来，开上我们的小汽车，准备出发了，注意这次路上还有不一样的标志呢。

（音乐，开汽车结束）

〔评析：由开汽车引发故事到开汽车结束，首尾呼应，让幼儿始终在游戏的情境中体验、感受、发现〕

社会领域

"小鸟是我们的好朋友"片段教学实录

王晓梅

活动目标

1. 知道几种常见小鸟的名称和生活习性。
2. 讨论保护小鸟的各种办法，萌发热爱大自然、保护鸟类的情感。
3. 了解"爱鸟周"的含义，具有初步的爱护、关心鸟类的意识和行为。

活动准备

经验准备：通过图书、网络等多种途径了解关于鸟的知识；日常活动中观察周围的小鸟。

物质准备：和爸爸妈妈一起收集有关鸟类图片、书籍、标本、鸟巢、鸟蛋及其与人类关系的资料，放置活动区；啄木鸟、信鸽、猫头鹰等几种鸟的活动习性和本领的动画课件；《小鸟受伤了》动画片；"丹顶鹤的故事""绿色的家园"等音乐。

活动过程

一、谈话激趣，分享知鸟经验

（情境描述：在活动区放置了幼儿和爸爸妈妈一起收集的有关鸟类的资料）

师：最近，我们收集了许多鸟的图片，拿出自己的图片和伙伴说一说，你带来的是什么鸟，它长什么样，介绍给大家听听。

幼₁：我带来的是燕子，它的身体黑黑的，尾巴像小剪刀。

幼₂：我带来的是鹦鹉，它的身体是五颜六色的。

幼₃：我带来的是火烈鸟，它的身体红红的，脖子长长的。

幼₄：我带来的是蜂鸟，它是世界上最小的鸟。

师：刚才小朋友都介绍了不一样的小鸟，有的小鸟体型大，有的小鸟体型小，小鸟的羽毛颜色也不一样，五颜六色的，真漂亮。

〔评析：通过让幼儿互相介绍大自然中不同的小鸟，认识到不同的小鸟体型大小、羽毛颜色都不一样，激发他们对小鸟的喜爱之情〕

二、观看课件，了解小鸟特征

（情境描述：教师为幼儿准备了介绍啄木鸟、猫头鹰、信鸽等几种鸟的活动习性和本领的课件，增加对鸟类知识的掌握）

（一）播放啄木鸟的动画

师：小朋友带来了各种各样的小鸟，老师也带来了几种鸟。你们看，谁飞来了？

幼：啄木鸟。

师：它的嘴巴是什么样的？喜欢吃什么？有什么本领？

幼₁：啄木鸟的嘴巴尖尖的、尾巴硬硬的、舌头长长的。

幼₂：啄木鸟喜欢在大树上啄虫子吃。

幼₃：啄木鸟能够帮助大树捉虫子，是森林的医生。

师小结：啄木鸟的嘴巴尖尖的、舌头长长的、尾巴硬硬的，生活在森林里，喜欢在大树上啄木捉虫，是森林医生。

（二）播放猫头鹰的动画

师：你们猜猜，谁是"捕鼠高手"？

幼：猫头鹰。

师：猫头鹰为什么有这个本领？

幼₁：猫头鹰的爪子非常锋利。

幼₂：眼睛圆圆的、大大的。

幼₃：猫头鹰喜欢晚上出来捉老鼠吃。

师小结：猫头鹰的羽毛蓬松柔软，爪子很锋利，眼睛大而有神，夜晚出来活动，喜欢捕食鼠类，是个"捕鼠高手"。

（三）播放信鸽的动画

师："送信能手"会是谁呢？

幼：信鸽。

师：信鸽有着怎样的本领？我们一起看一看。

（幼儿观看信鸽送信的视频）

师小结：信鸽具有很强的航行本领，有着惊人的远距离辨认方向和对地形的记忆力，它可以冒着危险、忍受饥饿，从很远的自己从来没有去过的地方飞回家，能够将放鸽人的希望带到目的地。

师：啄木鸟、猫头鹰、信鸽都有着各自的本领，还有哪些鸟有不同的本领呢？

幼₁：鹦鹉会学着人说话。

幼₂：黄鹂鸟会唱好听的歌。

幼₃：孔雀的翅膀五颜六色，能开屏让人们欣赏。

师小结：小鸟们有各种各样的本领，能给人类和大自然带来好处，是我们的好朋友。

〔评析：本环节让幼儿了解啄木鸟、猫头鹰、信鸽等小鸟的不同本领，认识到有的小鸟能够帮助大树治病，有的小鸟专吃害虫保护庄稼，有的小鸟会送信，有的小鸟会唱歌，有的小鸟能为人们提供有营养的蛋……初步感知鸟类给人们及大自然带来的好处，从而体会到小鸟是人类的好朋友〕

三、倾听故事，体验爱鸟情感

（情境描述：幼儿观看动画片《小鸟受伤了》，激发幼儿爱鸟的情感）

师：小鸟是人类的好朋友，我们都喜欢小鸟。但是小熊喜欢小鸟吗？我们一起来看一看。

（播放动画片《小鸟受伤了》）

师：小鸟怎么了？

幼：小鸟受伤了。

师：小鸟怎么会受伤的呢？

（幼儿猜想、交流）

幼₁：小鸟被猎人用枪打伤了。

幼₂：小鸟的窝被人们弄坏了。

师：熊妈妈是怎么做的？

幼：把小鸟关进笼子养伤。

师：小鸟喜欢笼子吗？为什么？

幼：小鸟不喜欢呆在鸟笼里，它喜欢住在树林里。

师：小熊怎么做的？

幼：小熊给小鸟喂食、喂水。小鸟的伤好了，小熊把小鸟放回了大自然。

师：小鸟开心吗？它是怎么做的？

幼：小鸟飞到小熊家，给小熊唱好听的歌，陪小熊一起玩。

师：小熊帮助小鸟养好伤，让它回到自己美丽的家园。

〔评析：通过动画片《小鸟受伤了》，让幼儿知道小鸟不喜欢生活在鸟笼中，喜欢在美丽的树林里自由自在地生活。小鸟不仅是人类的好朋友，也是小动物的好朋友，勾画出一幅人、动物与大自然融为一体的美妙画面，体现了和谐共处的美好意境，从而激发幼儿爱护小鸟的情感〕

四、讨论交流，增强护鸟意识

师：小鸟是我们的好朋友，我们应该怎样保护小鸟呢？

（幼儿讨论交流）

幼₁：不要伤害小鸟。

幼₂：不破坏森林。

幼₃：为小鸟搭窝。

师小结：我们用自己的行动来保护小鸟，不破坏森林，给小鸟建一个安心的家，帮受伤的小鸟涂药包扎，不捕捉小鸟。

师：为了让大家都来保护鸟类，福建省确立了一个特别的日子，把每年3月25日至31日这7天设定为"爱鸟周"。

师：怎样让大家都来爱护小鸟呢？

幼₁：张贴宣传标语、宣传画。

幼₂：不破坏森林，不砍伐树木。

幼₃：在森林里做禁止打鸟的标志。

〔评析：通过"爱鸟周"活动，让幼儿知道不仅自己要爱护小鸟，还要做好宣传，让身边的人知道大家都要保护小鸟，增强幼儿爱护小鸟的意识〕

五、分组制作，实施爱鸟行动

师：为了让大家都知道保护小鸟，我们一起行动起来吧！

（幼儿分组制作）

分组一：用刮蜡纸绘画"美丽的小鸟"

分组二：设计爱鸟宣传画和禁止捕鸟标志

分组三：手工制作"我为小鸟安个家"

（播放"丹顶鹤的故事"音乐，幼儿制作，教师巡回指导）

〔评析：让幼儿用绘画、手工的方式，设计爱鸟宣传画和禁止捕鸟标志，为小鸟安家。通过自己的行动感化身边的人，进一步增强幼儿保护小鸟的责任感〕

六、分享快乐，激发情感升华

（情境描述：在群鸟飞舞的画面与音乐的引领下，师生模仿鸟儿自由飞翔）

师：小朋友为小鸟筑建了温暖的家，小鸟非常开心。你们开心吗？让我们一起唱起来、跳起来吧！

（师幼在音乐"绿色的家园"中，尽情地飞舞）

〔评析：在活动的最后，幼儿随音乐像小鸟一样自由地飞舞，使他们热爱大自然、保护小鸟的情感得到进一步的升华。同时也体验了分享、制作成功的快乐，进一步增强幼儿保护小鸟的意识和行为〕

"关爱残疾人"片段教学实录

谢美红

活动目标

1. 乐于参与体验游戏，能表达出自己在游戏中的感受。

2. 初步认识到残疾人的生活困难，激发同情心，愿意关心、帮助残疾人。

3. 学习残疾人克服困难的精神，增强克服困难的信心。

活动准备

经验准备：带领幼儿参观社会福利院，并拍参观活动照片（或录像片）；为残疾儿童做一件事。

物质准备：眼罩人手一个；大彩色纸每小组（分3组）一张，上面分别贴上3D残疾人图片：盲人、单腿人和断臂人；油性笔每人1支；活动用的图片资源、视频资源；电子白板。

活动过程

一、游戏体验，感受残疾人的困难和切身需要

（通过两个体验游戏，让幼儿感受到同样是做生活中简单的事情，身体残疾时是多么不方便和痛苦，从而萌发对残疾人的同情心和关爱之情）

（一）游戏一：找椅子

师：今天我们要玩两个特别的游戏，游戏很有挑战性，你们有信心让游戏成功吗？

幼：有。

师：第一个游戏是"找椅子"。游戏规则是：小朋友们站到红线上（椅子对面5米处一条红线），戴上眼罩后听到老师说"游戏开始"，大家就去找椅子并坐下来即为成功。中途不管发生什么事情，都不能把眼罩摘下来，要努力想办法找到椅子。现在每个小朋友戴上眼罩，游戏开始。

（提供1—2分钟时间让幼儿找椅子，教师根据幼儿的实际情况，询问有困难的孩子是否需要帮助，可用语言提醒孩子朝哪个方向走，或者搀扶特别困难的孩子，让困难的孩子感受到被帮助的感觉）

师：说一说你刚才是怎样找到椅子的，心里有什么感受？

幼₁：我一步一步慢慢朝着椅子的方向走，心里有些害怕。

幼₂：我用手摸着朝前走，当脚碰着椅子后，再用手摸着椅子坐下来的，很担心会绊倒。

师：你们在找椅子的过程中遇到了什么困难？心里是怎样想的？

幼₁：我感觉自己要摔倒，不敢朝前走，很想摘下眼罩。

师：戴着眼罩走路有什么感觉？你觉得这样方便吗？

幼₁：不方便，感觉是歪歪斜斜地走，很容易摔倒。

幼₂：我越走越远，怎么也摸不到椅子，很想有人扶着我走。

师（询问接受帮助的小朋友）：你是怎样找到小椅子的？

幼₁：我找椅子时摸到的都是小朋友，后来在老师的提醒下找到椅子。

幼₂：我走了几步就不知朝哪个方向走了，很想哭。后来老师扶着我找到椅子，心里很温暖。

师小结：刚才找椅子的游戏虽然有难度，但小朋友都能想办法克服困难，坚持找到椅子，取得游戏的成功。老师要为你们鼓掌。第二个特别的游戏难度会更大一些，咱们继续挑战，加油！

（二）游戏二：穿袜子

师：第二个游戏叫"单手穿袜子"，游戏规则是：先将鞋子和袜子脱掉，用单手帮助双脚穿袜子，比比谁穿得最快。

（游戏开始，幼儿用单手穿袜子。奖励第一个成功的幼儿—顶皇冠）

师：现在已经有小朋友成功了，有的小朋友穿了一只，也有小朋友正在穿第二只，加油！

（等待所有幼儿成功）

师（鼓掌）：都成功了，老师非常佩服你们，给你们鼓掌！

师：单手穿袜子和平时穿袜子有什么不同的感觉？

幼：不方便，抓不牢，袜子容易掉下来。

师：请第一名的小朋友说说你为什么能比较快穿好袜子。

幼：我把脚翘着朝上，再用手将袜子套在脚尖上，袜子就不会滑下来，用力朝下拉就穿好了。

师：你真是一个会动脑的小朋友。其他小朋友在穿袜子的过程中遇到的困难是什么？心里是怎么想的？

幼：一只手抓袜子，袜子不听话张不开口，脚伸不进去，脚一伸进去袜子就滑下来，掉到地上，心里很着急，就不想穿了。小朋友给我喊加油，我又继续穿。

师：刚才老师发现他非常着急，急得满头大汗，袜子掉到地上好多次，但他一直努力想办法，最后老师发现他是将脚踩在地上，用一只手将袜子一点一点套住脚，终于成功了，我们为他鼓掌。

师：现在游戏要升级了，老师和小朋友来 PK，尝试不用手，只用两只脚穿袜子，看看又会有什么感受。

（师幼同时进行游戏，边游戏边聊）

师：你们现在心里是什么感觉？

幼₁：太难了，很想用手帮忙。

幼₂：哪怕用一只手也好啊。

师：你觉得自己能成功吗？

幼：不能。时间太短，没有练习。

师：有人成功了吗？

幼：没有。

师：穿袜子这么简单的事情为什么不能成功？心里是什么感觉？

幼₁：因为没有手的帮助，穿袜子就特别困难，人没有手心里很痛苦。

幼₂：如果两只手都没有了，什么事情都做不了。

幼₃：我看到电视上有的人没有双手，还能用嘴巴画画，写字。

师小结：人一旦没有双手，很多事情做起来就变得非常困难，手是身体很重要的朋友，我们应该保护好。刚才也有小朋友说到，有一些残疾人朋友在失去双手后，他们花了很长时间学习用脚、嘴巴去帮助做一些事情，克服了很多困难，学会了很多本领。

师：你们能学习用双脚穿袜子吗？是继续挑战还是选择放弃？

幼：不能，放弃。

师：我宣布，挑战"双脚穿袜子"的游戏失败。

〔评析：找椅子和穿袜子本是生活中很容易做到的事情，但因为设置了一些障碍让容易的事情变得很难。幼儿通过游戏体验，充分感受到身体残缺给生活带来的不便〕

二、观看视频和图片，了解生活中的各种残疾人，激发幼儿同情心

（一）观看一个患有腿疾的 4 岁小朋友走路的视频

师：看了这个视频，你有什么问题要问？

幼₁：这个小朋友叫什么名字，他几岁了？

幼₂：他的腿为什么变成这样了？

幼₃：他走路很困难，有没有人帮助他？

师：这个小朋友的名字叫乐乐，今年才 4 岁，因为生病，他腿上的肌肉渐渐萎缩了，现在走路变得非常困难，他的爸爸妈妈为了给他治病，花了很多钱，现在家里已经拿不出钱来给他治病了。你们有什么办法帮助他？

幼₁：给他玩具，让他开心地玩。

幼₂：给他好吃的，把身体养好。

幼₃：捐钱给他治病。

幼₄：送他上幼儿园。

师小结：小朋友真有爱心，刚才的办法都很好，我们可以把每个人的零花钱聚在一起，请红十字会的叔叔联系小乐乐的父母，将钱汇给小乐乐治病，让小乐乐也能像我们一样，每天高高兴兴地上幼儿园。

（二）回看参观福利院时拍摄的各种残疾人

师：前些时候，我们参观了社会福利院，认识了很多残疾人朋友，你们还记得他们吗？老师把他们的照片拍下来了，我们再来看一看。

（观看一组残疾人照片，包含眼疾、断臂、残腿等残疾人）

师幼：这是眼睛看不见的盲人×××和他的盲人朋友。

师幼：这是聋哑人×××和他的伙伴。

师幼：这些是没有腿，没有手的残疾人朋友。

师小结：是的，在我们的生活中会有这样一些人，他们的眼睛看不见、耳朵听不见、手脚不全，变成了身体有残疾的人。因为身体残疾或者残缺，

他们的生活遇到了很多的困难和不方便。

〔评析：从观看小乐乐的视频到呈现福利院残疾人的照片，让幼儿了解到生活中有和他们年龄差不多的残疾小朋友，有各种各样的残疾人因为残疾致使生活非常不方便，遇到各种各样的困难，激发幼儿的同情心与想帮助他们的愿望〕

三、分组讨论：如何针对不同残疾人的需求提供适宜的帮助

师：看到刚才的这些残疾朋友，你们想怎样帮助他们呢？

幼$_1$：扶看不见的盲人过马路。

幼$_2$：帮没有手的人拿东西。

幼$_3$：帮走不了路的人推轮椅。

师：小朋友们真有爱心，这儿有三幅图，我们分成三组，分别根据图上残疾人的需要，想出帮助他们的办法，把这些办法画下来，看看哪一组想的办法多。

A组：如何帮助有眼疾的人？

B组：如何帮助有腿疾的人？

C组：如何帮助手残的人？

（幼儿分小组讨论并画下各种办法。6分钟后分别分享各自的办法）

师小结：我们都是健康的人，要好好保护自己，多多关心别人，尊重残疾人、谦让残疾人。帮助别人我们自己也会感到快乐，这样我们就会在快乐中长大。

〔评析：绘画也是幼儿的语言，让幼儿用自己熟悉的方式表达对残疾人的关爱，激发他们从小做一个有爱心的人，愿意帮助需要帮助的人，让他们体会帮助别人给自己带来的快乐〕

四、扩展经验，感受社会对残疾人的关爱以及残疾人坚强勇敢的精神

（一）观看一组PPT，扩展经验

师：请小朋友看一组图片，你觉得哪幅图上有你原来不知道的知识和事情？

幼$_1$：街上有凹凸不平的路是给盲人走的盲道。

幼$_2$：残疾人专用的厕所也有标志。

幼$_3$：盲人赛跑要有领跑员。

幼$_4$：盲人走路用的盲杖和一般的拐杖不同。

幼$_5$：还有导盲犬是受过训练的。

幼$_6$：盲文都是一个个小针眼。

幼$_7$：手语就像舞蹈表演，很漂亮。

幼$_8$：残疾人也有专门的学校学习。

幼$_9$：每一年盲人也召开运动会。

幼$_{10}$：盲人比赛也拿冠军，会升国旗为国争光，真了不起。

师小结：现在全社会都重视和关心残疾人，今天我们也增加了很多原来不知道的知识，这对我们了解残疾人、帮助残疾人很有用。

（二）观看山东残疾人任吉美的一天生活视频，学习残疾人坚强勇敢、克服困难的精神

师：请小朋友看一段感人的视频，这位奶奶叫任吉美，看看她都做了些什么。

（播放山东残疾人任吉美的一天生活视频）

师：看了这段视频，任吉美奶奶什么地方最令你佩服？

幼$_1$：任奶奶早上去买菜，用牙齿咬住篮子上的绳子，篮子很重。

幼$_2$：我最佩服任奶奶用脚还能拿钥匙开锁。

幼$_3$：任奶奶用脚敲鸡蛋，炒鸡蛋，真不简单。

幼$_4$：任奶奶用脚剥螃蟹吃，小朋友都不会剥蟹。

幼$_5$：任奶奶用脚穿针绣花，绣得那么好看。

幼$_6$：任奶奶用一只脚穿针眼，一只脚踩缝纫机给她的孩子做衣服，真了不起。

师小结：是啊，任奶奶真了不起，我们给她竖个大拇指，表扬任奶奶。刚才有小朋友说，没有双手，什么事情都做不了，我们用双脚穿袜子没有成功就放弃了，但任奶奶从小就没有双手，她克服了很多困难，每天坚持练习本领，从来没有放弃，终于可以熟练、自如地用脚去做正常人才能做到的许

多事情。我们要向任奶奶这些坚强勇敢、不怕困难的人学习。

师：如果我们的身边有残疾人朋友，一定要想办法多关心他们。这些残疾人朋友被大家关心，心里一定会很温暖。他们自己也会变得强大，让自己像正常人一样生活，做一个独立、有用、会关心别人的人。

〔评析：一组 PPT 拓展了幼儿的社会认知经验，一个视频拓宽了幼儿的视野，激发了幼儿对残疾人坚强勇敢、战胜困难精神的敬佩之情〕

"合作力量大"片段教学实录

黄　伟

活动目标

1. 初步理解合作的意义，知道生活、游戏中处处有合作。

2. 在游戏过程中探索与同伴合作的方法，感受团结合作带来的较大力量。

3. 乐意与人合作，体验合作成功的快乐。

活动准备

经验准备：幼儿具有两个或多个小朋友合作玩游戏，合作做事，以及合作学习等经验。

物质准备：装着大鞋子的纸箱子，口哨，小红旗，《端午节划龙舟》视频。

环境创设：画有跑道的大活动室。

活动过程

一、情境导入，初步感知合作

（一）体验单人搬箱子和多人搬箱子的不同

师：小朋友们好啊，今天我们在这个大活动室上课，那里有一大箱等一会要给你们玩游戏的东西，谁来帮忙搬到这边来？

幼₁：我来！

师：好，你来。

（一个小朋友没搬动箱子）

师：呵，使了这么大的劲儿还是搬不动啊。怎么办呀？

幼₂：老师，我来帮他。

幼₃：我也想一起去帮忙。

师：哦，你们两个想一起去帮忙，好啊！

（箱子在三个小朋友合作下搬到全班小朋友的面前）

师：耶，箱子搬过来了。谢谢你们！

（二）交流原因

师：刚才，一个小朋友搬不动箱子，几个人合作帮忙就可以了，为什么？

幼₁：是因为人比较多，所以就搬动箱子了。

幼₂：因为人多力气就比较大，所以能搬得动。

师小结：看来一个人做不成的事，如果有几个小朋友一起努力做，就可能成功。这就叫合作。

〔评析：真实的情境再现，既能较快集中幼儿的注意力，也能激发幼儿类似经验思维，从而直观地、轻松地让幼儿感知合作〕

二、倾听故事，了解合作的作用

（一）听故事《小猴和梅花鹿》

师：老师今天还带来了一个有关合作的故事《小猴和梅花鹿》，一起来听听吧！

有一天，小猴碰见了梅花鹿，它们说着说着就争了起来。小猴说："我爬树最快了，我的本领大。"梅花鹿不服气地说："哼，我跑起来也跟风一样快，我的本领也很大。"

这时，大象来了，它说："要不你们来个比赛吧，我来当裁判！你们看！那边有一条小河，河对岸有一棵桃树，谁能第一个摘到桃子，谁就胜利！"梅花鹿到了河边，轻轻一跃就过去了，可是摘不到桃子，急得在树下团团转；

小猴到了河边，却过不了河，急得跳来跳去。大象走过来，笑眯眯地说："你们俩如果合作的话，会怎么样呢？"小猴和梅花鹿恍然大悟，于是梅花鹿把小猴背过了河，然后，小猴爬上树摘到了桃子。大象高兴地夸它俩说："这次，你们都是胜利者！"小猴和梅花鹿听了大象的话，都脸红了。

他们终于明白了一个道理，朋友之间只有一起合作，才能取得胜利。

（二）交流故事内容

师：老师的故事讲完了，小朋友们，故事里讲了些什么？

幼₁：故事里讲了小猴和梅花鹿在比谁的本领大。

幼₂：小猴会爬树，梅花鹿很会跑。他们都说自己的本领大。

幼₃：后来，他们比赛摘桃子，但都摘不到桃子。

师：结果怎么样啦？

幼：后来一起合作才摘到了桃子。

师小结：原来啊，他们都有自己的本领，合作起来本领就更大了，才能获得更大的胜利。

〔评析：借助童话故事这一幼儿感兴趣的载体，通过故事里的角色情节，理解不合作就不能成功，合作了就能取得胜利的道理，让幼儿进一步了解合作的必要性和作用〕

师：接下来，我们要不要一起来玩个合作的游戏呢？！

三、游戏体验，感受合作的方法和力量

（一）第一遍游戏

1. 介绍游戏玩法。

师：刚才小朋友合作搬的大箱子里是什么？我们一起来看看吧。

幼₁：是一些特别特别大的鞋子。

幼₂：好像可以让四个人一起穿。

师：今天我们要玩的游戏就是《合作穿大鞋》。这个游戏的玩法就是每组四个小朋友穿同一双大鞋子合作走，两分钟内能走到终点的就是胜利者。

2. 第一次游戏。

师：小朋友们自由组合四人一小组，请穿好鞋子都站到起点做好准备吧！

准备好了吗？

幼：我们都穿好鞋子站在起点了。

师：游戏开始！加油，小朋友们，向前走啊。小心，不要摔倒……

幼₁：老师，我们走不动啊。

幼₂：我们差点儿要摔倒了，好难好累。

幼₃：我们到达终点了。

3. 取得成功组的队员交流经验。

师：好了，小朋友们，两分钟过去了，有两组小朋友已到达终点了，还有好几组小朋友都停了下来，走不动了。一起坐下来交流一下吧！

师：我们来听听成功到达终点的小朋友说说，你们是怎么做的？

幼：我们组有一个小朋友喊左脚大家就走左脚，喊右脚就一起走右脚。所以我们走得很整齐。

师：真有办法！那另一组是怎么成功的呢？

幼：我们组的成员都把手放在前面小朋友的肩膀上，排头的叉腰，然后一起喊"一二一"，所以就走得很快了。

师小结：哦，原来你们的成功都是有方法的呀！

（幼儿突然生成问题）

幼：老师，我想知道他们怎么知道这些好方法的呢？

师：那请一位成功组的小朋友来告诉他吧！

幼：刚开始我们也走不动，后来一起合作讨论商量。想到动作要整齐，还要喊号子，才成功的。

师：哦，真是个好方法呀！

4. 为失败组的队员找原因。

师：你们组的刚才差点儿摔倒，是什么原因呢？

幼₁：我们想再走几步，请其他小朋友帮我们找原因。

幼₂：我发现了前面两个小朋友抬左脚走，后面的小朋友却走右脚。

幼₃：我发现她们动作不整齐所以走不动了。

师小结：原来啊，合作时没有一起商量，动作不整齐，没有互相配合，就不能成功。

（二）第二遍游戏

1. 小组先讨论。

师：小朋友们，我们要不要再合作一次游戏呢？

幼：我们想先讨论一下。

师：好，那在第二遍游戏开始之前，小朋友们先在小组里讨论等一会游戏时要怎么合作，有什么好方法。等你们讨论好了，我们再开始。

2. 第二次游戏。

师：看来你们都很有信心了。那每一组小朋友都站到起点做好准备哦。手都抓好了，弯下膝盖，喊号子的小朋友也准备好了。好，开始！加油，动作很整齐，也很快，太棒了！小朋友们喊号子的声音真响啊。继续，合作得很好。真棒，耶，都到达终点了，恭喜你们啊。最后一组也通过了。

3. 交流讨论。

师：一起来说说你们合作的感受吧。

幼$_1$：我们刚才想到要把膝盖弯下去。

幼$_2$：我们讨论的点子都用上了所以能成功。

幼$_3$：我感觉合作很快乐！

师小结：小朋友们，通过合作你们都成了胜利者。原来啊，合作也是要讲究方法的。

〔评析：通过两次游戏，由浅入深，从尝试合作到找方法合作，幼儿在潜移默化中学会了合作，并亲身深切体验到合作的力量〕

四、联系生活，明白合作的重要性

（一）幼儿回忆自己生活中的合作

师：小朋友们，在我们的生活中，有没有哪些事情也是需要合作才能完成的？跟旁边的小朋友讨论一下，然后我们一起来交流。

幼$_1$：我家的门坏了，我每次都是和姐姐一起用力才推开它的。

幼$_2$：当值日生时，我和乐乐一个搬椅子一个扫地，所以扫得又快又干净。

幼₃：玩扑克牌游戏时，我们有好几个人一起玩，玩得特别开心。

师小结：是啊，小朋友们，生活和游戏中有很多需要与别人一起合作的事。有了合作我们就可以做得更成功更快乐了。

（二）欣赏家乡端午节大人们划龙舟的视频，了解大人们的合作

师：视频里，你们看到了什么？

幼₁：龙舟在水上像飞一样快。

幼₂：每个大人都很用力在划，他们都做同一个动作，很整齐。

师小结：是啊，合作中每个人都很重要，大家齐心协力才能让合作力量更大。

〔评析：将幼儿在故事和游戏中获得的经验迁移回生活经验中，从而使内化了的情感认知经验得到进一步提升，回归生活化〕

活动延伸

师：小朋友们，我们现在只是几个人之间的小合作。将来，也许会有更多的人一起合作，合作不但可以使事情做得又快又好，还可以创造奇迹，使我们更成功。在今后的学习和生活中小朋友要多合作。等一会户外活动时，大家可以合作玩更多的游戏，体验合作的神奇与快乐！

〔评析：一次活动的结束并非一个学习内容的结束，而是意味着即将开始这次学习活动的拓展与延伸〕

科学领域（科学）

"斜坡滚物"片段教学实录

于金莲

活动目标

1. 初步认识什么是斜坡。

2. 能在自己搭出的斜坡上发现不同物体不同的运动现象。

3. 体验合作的快乐，乐于参与科学探究。

活动准备

经验准备：在日常生活中观察、玩过滑梯，体验过从滑梯上滑下来的快感；知道翻、滚这两个动作的区别。

物质准备：120 * 60 cm 的泡沫地垫人手一块；方体积木、小球、圆柱体奶粉桶人手一份。

材料配套：亲子手册《有趣的斜坡》。

活动过程

一、导入活动：玩泡沫地垫

（一）幼儿自由玩泡沫地垫

师（出示泡沫地垫）：小朋友们，你们看，这是什么？

幼$_1$：垫板。

幼$_2$：拼板。

师：你们说得都没错，这些垫板你们玩过吗？可以怎样玩呢？

幼$_1$：抛一抛，接一接。

幼$_2$：铺在地上做小河。

幼$_3$：可以夹在两腿中间当马骑。

师：每人拿一张板子去玩一玩吧。

（幼儿自由玩耍）

师：谁来说说你是怎么玩的？

幼：我是和潼潼一起铺在地上做船玩的。

（幼儿边说边示范自己的玩法）

师：我们其他小朋友也两个人一组，一起来学一学他们的玩法吧。

（全体幼儿一起用垫板玩划船的游戏）

师：还有谁来展示一下垫板的玩法？

幼：我是顶在头上做草帽的。

（幼儿边说边示范）

师：这个想法真不错，我们一起来学一学吧。

师：还有什么不一样的玩法呢？

幼：我是把它当作小河，在小河上跳来跳去真好玩。

师：那其他小朋友也一起来，我们搭一条长长的小河玩一玩吧。

（全体幼儿的垫板拼成一条小河玩）

〔评析：玩地垫的导入方式，符合幼儿爱玩好动的特点，一下子就调动了幼儿参与活动的热情，他们一个个兴趣盎然，动脑筋想着法子玩，幼儿的多种感官参与活动，为下面环节的开展奠定了良好的基础〕

（二）将泡沫地垫变成滑梯

师（将板子斜靠在椅子上）：刚才小朋友们想出了这么多的玩法，我也用垫板想出一个玩法，你们看是什么？

幼：滑梯。

师：你们会用这个垫板搭出什么样的滑梯呢？

（幼儿在椅子上、桌子旁搭出滑梯）

〔评析：根据幼儿平时的经验，很少能想到滑梯上来，所以，教师在幼儿玩得尽兴后运用幼儿的已有经验——滑梯，将自己的想法抛出，有的放矢，不仅吸引了幼儿的注意力，而且悄然地将活动引上正轨。教师先是陪伴者，这里则起到了一个导游的作用，将幼儿带到一个新的景点〕

（三）导入概念"斜坡"

师：你们知道吗，凡是像滑梯这个样子的东西，有一个共同的名称叫斜坡。叫什么？

幼：斜坡。

〔评析：运用滑梯进行斜坡概念的阐述，既形象又生动，将看似比较复杂的机械装置变得浅显易懂，幼儿也能欣然接受〕

二、探索斜坡滚物现象

（一）出示准备放到斜坡上滚的物体

师：有谁想到这个斜坡上来玩呢？

幼₁：布娃娃要来滑滑梯。

幼₂：小熊。

幼₃：小狗。

师：到底有谁到斜坡上来玩呢？你们看，它们是些什么呢？

幼₁：方方的积木。

幼₂：奶粉桶。

幼₃：小球。

（二）探索不同物体在斜坡上的运动方式

师：它们到斜坡上会怎样运动呢？谁来说说看？

幼₁：小球会滚下来。

幼₂：方方的积木会滚下来。

幼₃：奶粉桶会滚下来。

师：你们认为都是滚下来。是不是真的是这样呢？我给你们每个人都准备了这三样物品，自己拿去玩一玩吧，看看它们是不是都是滚下来的。

（幼儿探索小球、方方的积木、奶粉桶从斜坡上下来的运动方式）

师：你们发现这些物体在斜坡上是怎样运动的了吗？

幼₁：小球是滚下来的。

幼₂：方方的积木是滑下来的。

幼₃：奶粉桶也是滚下来的。

师：原来不同的物体，在斜坡上运动的方式也不一样。

〔评析：先鼓励幼儿猜想物体在斜坡上的运动方式，然后再引导他们去验证。这符合幼儿好奇的心理——我猜得到底对不对呢？促使他们更加投入地参与到活动中去，同时培养了幼儿仔细观察的良好品质〕

（三）猜想不同的物体在斜坡上运动的速度

师（出示记录表）：刚才你们还有没有其他发现呢？

师：哦，刚才都没在意，那问你们个问题：从斜坡上滚下来的时候，它们是一样快吗？

幼₁：不知道，没有比较。

幼₂：不一样。

幼₃：一样吧。

师：小朋友们出现了不同意见，到底是不是一样快呢？我们怎样才能知道呢？

幼：把它们再放到斜坡上试一下就知道了。

师：嗯，好主意。那你们再去试一下，这次可要看清楚了。

（幼儿探索这几样物体从斜坡上滚下来的速度）

师：谁来说说，一样快吗？

幼₁：不一样。

幼₂：不一样。

师：谁最快呢？

幼₁：小球。

幼₂：奶粉桶。

幼₃：我的积木最快。

〔评析：虽然是同样的操作探究，但每次的目的不一样，让幼儿对这样的探究也乐此不疲。虽然探究的结果不一样，这正是幼儿本性的流露。于是教师根据幼儿的表现与反映，顺应生成了下一个环节——比比到底谁是最快的〕

（四）制定比赛规则进行比赛——到底谁最快

师：又出现了不同意见，怎样才能知道它们到底谁最快呢？

幼₁：一起滚，就知道了！

幼₂：比一比就知道了。

师：比赛是个好办法。要怎样比才能做到公平呢？

幼₁：要在同一个斜坡上。

幼₂：要在同一个起跑线上。

幼₃：需要三个人，每人拿一样物体。

幼₄：要同时放手。

师：你们真能干，想得好仔细哟。现在三个人一组，每人拿一样物品，按照刚才说的比赛规则，去比一比吧。

（幼儿每三人一组进行比赛）

师：你们比赛的结果是什么？

幼₁：小球最快。

幼₂：方方的积木最慢。

师小结：你们发现都是小球最快，方方的积木最慢。原来，在斜坡上，球一样的东西是滚得最快的。

〔评析：让幼儿自己制定比赛规则，幼儿成为活动的主人、比赛的主人，不仅让那些繁多而又细碎的比赛规则轻而易举地被幼儿掌握，而且他们自己定的规则还记得牢，并能够自觉地去遵守。这样"幼儿在前"的理念，不仅尊重了幼儿，也解放了教师，幼儿也有了比赛要公平的认识〕

三、拓展话题，结束活动

师：刚才这些物品是在同一个斜坡上进行比赛的，要是把它们放在不同的斜坡上进行比赛，会出现什么现象呢？

幼₁：有的快有的慢。

幼₂：有好多现象吧，我们试一试才会知道呢！

师：这样吧，你们自己先去找找我们周围的生活中有哪些是斜坡，这些斜坡有什么作用，然后用物品在这些不同的斜坡上面试试，看看有什么发现。下次我们再探索的时候，你可以将你的新发现告诉大家哟！

〔评析：抛出话题，留下问题，吊足幼儿的胃口，让幼儿对下次的活动充满好奇与期待。让幼儿自己寻找生活中的斜坡，培养他们对生活的关注，对生活中有趣现象的关注，使得幼儿从小就爱观察、爱生活、爱关注细节，这样的一个延伸，可能指向幼儿终身发展的一个良好的习惯与品质的形成〕

"野生动物"片段教学实录

缪 云

活动目标

1. 学习收集资料，了解几种常见的野生动物的外形特征和生活习性，并能比较异同自主分类。

2. 了解野生动物与生存环境的依赖和适应关系，建立初步的环保和关爱野生动物的意识。

3. 通过交流分享，体验探究野生动物的乐趣。

活动准备

经验准备：活动前与幼儿共同制定探究计划；让幼儿自选一种野生动物，和父母共同收集相关的资料，完成调查表；有条件的可带领幼儿参观野生动物园。

物质准备："我喜爱的野生动物"调查表、常见野生动物的小图片、分类板、视频录像资料、"野生动物总动员"汇总记录表、食物链连接箭头图形。

活动过程

一、引出讨论话题，辨认共同特征

师：小朋友，你知道野生动物有哪些吗？

幼：长颈鹿、鲸鱼、狮子、老虎、大象、野猪、狐狸、老鹰……

师：那我们家里养的狗狗是不是野生动物呢？

幼：不是，因为它要我们喂养，不是生活在野外。

师：谁说说看，什么是野生动物呢？

幼：生活在大自然中，不要人喂养的动物都是野生动物。

师：前几天，小朋友们都和自己的爸爸妈妈收集了许多关于野生动物的资料。今天我们就来聊聊野生动物。

〔评析：活动前幼儿选择了自己喜欢的野生动物，在父母的帮助下进行了相关资料的收集。与幼儿交流讨论建立在已有经验上，幼儿兴趣较浓。从辨别幼儿熟悉的家养的狗是否野生动物入手，帮助幼儿厘清"生存于自然状态下，非人工驯养"是野生动物的共同特征〕

二、幼儿自主介绍，师生共同记录

（一）幼儿与同伴交流自己的调查表

师：我们都和爸爸妈妈共同研究了一种野生动物并制作了一张调查表，下面就请找好朋友互相看看说说自己收集的资料吧。

（二）集体交流讨论几种常见的野生动物的外形特征和生活习性

师：下面，我们请几个小朋友告诉大家，你研究的野生动物长得什么样，喜欢吃什么，生活在哪里，有什么本领。

师：陆地上最大的动物是什么？谁来介绍介绍它？

幼：大象是陆地上最大的动物，很笨重，爱吃树叶、果实，它的长鼻子会吸水和卷东西，它们站着睡觉……

师：介绍得很好，我们用记录表把它记下来。

（幼儿介绍后，师幼共同回顾动物的特征和习性，并在前面放大的"野生动物总动员"汇总记录表上用图画或标记记录。注意引导幼儿用自己的方式来记录）

师：森林之王是谁？请一位小朋友来介绍。

幼：森林之王是狮子。它们生活在草原或者灌木林，雄狮有好看的鬃毛。狮子喜欢生活在一起，共同捕捉小动物吃，他们很凶猛……

（师幼共同回顾并记录）

师：陆地上个儿最高的是什么动物？对，长颈鹿，谁来介绍？

幼：长颈鹿的个儿很高，最高的有六米多高，两层楼房那么高呢。它们的腿和脖子都很长，跑得快，看得远。它们生活在干旱而开阔的草原上，喜欢吃树叶和嫩芽。长颈鹿身上有花纹是保护色。长颈鹿性格温柔，喜欢生活在一起……

（师幼共同回顾并记录）

师：刚才小朋友说的野生动物都生活在哪里？

幼：陆地上。

师：有没有生活在水里的野生动物呢？水里最大的野生动物是什么？

幼：鲸鱼。

师：好，谁愿意介绍？

幼：鲸鱼是世界上最大的动物，它不用鳃呼吸，是用肺来呼吸的。它能潜到水里长达 70 分钟，露出水面上来呼吸的时候会喷出很高的水柱。它不像鱼一样产卵，而是生下小鲸鱼，小鲸鱼也是吃鲸鱼妈妈的奶长大的。鲸鱼的嘴巴很大很大，能吃很多很多的鱼虾……

（师幼共同总结并记录）

师：刚才，你们介绍的都是一些大的野生动物，那么个儿小小的老鼠是野生动物吗？谁研究小老鼠的请来介绍一下。

幼：小老鼠当然是野生动物。它们生活在草丛中、泥洞里，还有的藏在房子的角落里。它们喜欢吃瓜果、种子，牙齿长得很快，喜欢啃东西。老鼠是有害的动物……

（师幼共同回顾并记录）

（三）小结幼儿介绍的情况，交流探究野生动物的途径

师：刚才，小朋友们说出了这么多的野生动物，说得很具体，很清楚。你们是怎么知道得这么多的？

幼$_1$：我和爸爸妈妈去野生动物园看了动物，听了介绍。

幼$_2$：我看的图书上写的。

幼$_3$：我看电视上"动物世界"做介绍的。

幼$_4$：我和爸爸上网查的。

……

师：你们能用很多的方法研究野生动物，真能干。把这些知识分享给大家，是不是更开心呢？

〔评析：幼儿将亲身观察、询问、看图书、上网等方式搜集起来的野生动

物知识介绍给同伴，既锻炼了幼儿自主探究的能力，又体验了分享的乐趣。师生共同用图片、图画、符号等方法记录各种动物的外形特征和生活习性，符合《指南》中阅读和书写准备的要求，有效地帮助幼儿梳理了经验，为下一步野生动物的归类整理作了铺垫〕

三、幼儿自拟标准，分别归类整理

（一）比较所列野生动物的异同

师：刚才小朋友们介绍了许多野生动物，它们各有各的特点，各有各的生活习性。现在，你能不能说出它们有哪些相同和不同的地方呢？

幼：吃的食物不同；生活的地方不同，有的生活在水里，有的生活在陆地上；有的是对人类有益的，有的是有害的；有的个儿大，有的很小……

师：在每个小朋友的分类板上也有这些小动物图片。现在请你将它们分成两类，并告诉好朋友这样分的理由。

（二）按自定标准给野生动物分类（食肉食草、陆生水生、有益有害、形态大小等）

（三）幼儿讲述自己的分类理由

师：你是怎样分的？请说出你这样分的理由。

幼：按食物来分。

师：你还能说出哪些野生动物也是食肉类（或食草类）的吗？

〔评析：幼儿通过分析比较，找出野生动物生活习性等方面的异同，自拟标准自主分类，形式开放，对培养幼儿自主探索能力、逻辑思维能力有很大的裨益。其中按摄取食物分类，为下一步食物链的理解作了铺垫〕

四、了解食物链，理解依存关系

（一）通过了解野兔、狐狸、狼三个动物的食物序列，了解野生动物间的依存关系

师：现在小朋友们知道狼吃狐狸，狐狸吃野兔，野兔吃草。它们之间紧密联系，存在着"吃和被吃"的关系，其中任何一种动物发生了变化都会影响其他动物的生存。

（二）了解濒临绝迹的珍稀动物，让幼儿懂得注重环保的重要性和紧迫性

师：地球上有很多动物数量减少，甚至就要灭绝了。有的是因为没有食物，有的是因为气候环境的变化，还有的是因为人类的捕杀。动物是我们人类的朋友，我们应该怎样来保护这些野生动物和它们生活的环境呢？

〔评析：从食物链着手让幼儿了解动物与动物之间的依存关系，进而引领幼儿讨论怎样爱护环境并保护野生动物〕

五、观赏动物视频，感受和谐生态

师：小朋友，让我们一起来看看地球上这些可爱的野生动物吧。因为有了它们，世界才变得更加美好！

（幼儿观看视频，看后同伴之间讨论自己的发现）

师：以后我们可以继续搜集野生动物的资料，把你收集到的情况记在刚才的这张记录表的后面，让大家了解更多关于野生动物的秘密，好吗？

活动延伸

请家长继续协助幼儿搜集各种野生动物的资料，进一步丰富幼儿的经验。

〔评析：大自然因为有了野生动物而更加美好。人与动物和谐共处的视频给幼儿美的享受，激发了幼儿对千奇百态的野生动物的喜爱之情，且进一步延续了幼儿探究野生动物的兴趣〕

附表一：

"我喜爱的野生动物"调查表

名称和特征	喜欢吃什么	生活在哪里	有什么本领

（注：可用文字、图画、贴图、符号等多种形式记录）

附表二：

"野生动物总动员"汇总记录表

序号	名称和特征	喜欢吃什么	生活在哪里	有什么本领

（注：可用文字、图画、贴图、符号等多种形式记录）

"奇妙的泡泡"片段教学实录

杨梅芳　柯亭亭

活动目标

1. 通过化学小实验激发幼儿对科学现象的兴趣。

2. 感知小苏打放到醋里产生气泡的化学变化，以及泡泡对物体沉浮的影响。

3. 发展幼儿动手操作以及仔细观察的能力。

活动准备

物质准备：白醋、小苏打、熟鸡蛋、珠子每桌一套；可乐瓶、小碗、汤匙、盘子人手一份；抹布。

活动过程

一、设置"变魔术"的情境并引出活动，激发幼儿兴趣

师：小朋友，你们好！我是谁？

（教师戴一顶魔术师的帽子）

幼：魔术师。

师：今天我们来当魔术师，变魔术，要变出许多奇妙的泡泡。

幼：泡泡怎么能变出来呢？

师：你们想知道吗？那就跟着我一起认真看，仔细瞧。

〔评析：教师扮演"魔术师"，以神秘的口吻引出活动内容，以设置"变魔术"的情境激发幼儿的探索兴趣〕

二、引导幼儿探索"苏打放入醋里产生泡泡的化学现象"

（一）介绍实验材料

师：我准备了熟鸡蛋、珠子等，装在瓶子里的是醋，还有这白色的粉末，它的名字叫小苏打。

（二）激发幼儿进行猜想

师：如果把珠子放进装醋的瓶子里，会有什么变化呢？

幼$_1$：把珠子扔进去，会变出泡泡。

幼$_2$：不会不会，珠子不会变泡泡。

师：如果把小苏打一起放进醋里，会有变化吗？

幼$_3$：应该会，这么多东西放进去，肯定能变出泡泡。

师：是不是你们想的这样呢？我们要动手做实验才知道。

〔评析：积极调动幼儿的生活经验，让他们大胆地进行猜想，这是科学探究活动非常重要的环节。此外，面对幼儿的疑惑，教师不急于给出答案，而是积极鼓励幼儿动手实验来验证自己的猜想〕

（三）介绍实验操作步骤

师：我给每桌小朋友都准备了一份材料，请你们来进行实验。先把珠子

放进装醋的瓶子里，仔细观察它在醋里有什么变化。然后将小苏打放入醋瓶里继续观察，可以和同伴交流你的发现。

（四）幼儿自主开展实验探究活动，并互相交流自己的实验过程和结果

1. 引导幼儿将珠子放入醋瓶里，进行观察。

师：珠子怎么样了？有没有变出奇妙的泡泡？

幼$_1$：老师，好像没有啊！

幼$_2$：珠子都沉到瓶底了，也没有看到泡泡出现。

师：其他小朋友都看见了什么呢？

幼$_3$：珠子刚放到瓶子里，就一直沉下去，我们看了很久，都没有变出泡泡来。

师：你们观察得很仔细，那我们一起用小苏打来试一下。

2. 引导幼儿将小苏打放入醋瓶里并继续观察。

师：这下变了没有？变出什么来了？你发现了什么？

幼$_1$：我发现那白色的粉和醋融在一起了，然后就冒出泡泡来了！

幼$_2$：小苏打刚放进醋里，就有一种声音"呲呲"响，好像每次喝雪碧时开瓶的声音，然后就不断地冒出许多泡泡来。

幼$_3$：我也发现了，真的很神奇！

幼$_4$：小苏打放进去很多，泡泡也冒出来很多个。而且有大的，还有小的，一串串连在一起呢！

3. 集体分享探索经验。

师：你是怎么变出奇妙的泡泡的？请你完整说一说。

幼$_1$：我发现小苏打要放在醋里面，才能变出泡泡。

幼$_2$：醋里面加了小苏打，会慢慢地融化，然后醋就变得白白的，接着，就会冒出许多的小泡泡来。

（引导幼儿大胆交流探索经验，教师结合幼儿的回答，出示化学变化图示，和幼儿一起重复一次实验过程，并作完整的小结）

师小结：当醋里加了小苏打，会马上起反应，小苏打会快速地在醋里溶解，并出现许多的泡泡。

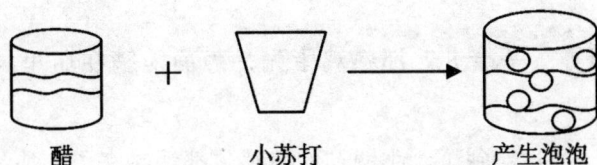

醋 ＋ 小苏打 → 产生泡泡

〔评析：借助图示，可以让幼儿更清楚地看到实验的过程，帮助幼儿理解实验的结果。在交流中，引导幼儿完整、连贯地表达自己的探索过程与结果十分重要，从中，幼儿的思维能力和语言能力都会得到一定的提升〕

三、引导幼儿进一步探索"苏打放入醋里产生泡泡的化学现象"所带来的沉浮作用

（一）引导幼儿将熟鸡蛋放入已加入小苏打的醋瓶里并进行观察

师：我这里还有熟的鸡蛋，如果把鸡蛋放入醋瓶里，鸡蛋会怎样？为什么？

幼$_1$：鸡蛋肯定是沉到瓶底了。

幼$_2$：鸡蛋会变小。时间久了，它就慢慢地变小了。

幼$_3$：鸡蛋壳会碎掉。

幼$_4$：鸡蛋会变得很软。

师：到底会出现什么变化呢？我们可以再来试一下。

〔评析：结合幼儿的生活经验，教师再次设置新的问题情境，引导幼儿进一步探索小苏打与醋融合产生泡泡后的化学现象所带来的作用〕

（二）幼儿观看教师操作

师：将鸡蛋放入醋瓶中，鸡蛋沉下去了，但是它还在发生变化。这个变化不是一下就能变出来的，要经过一段时间。看看它还会发生哪些变化，再想想为什么会有这些变化。想到了和同伴说一说。

（三）幼儿小组实验

（教师引导幼儿将熟鸡蛋放入醋瓶中，仔细观察鸡蛋的变化，并互相交流观察情况。幼儿观察 4—5 分钟，直到大部分醋瓶中的鸡蛋都浮上来）

（四）集中交流，验证实验结果

师：熟鸡蛋放入醋瓶中先是沉下去，然后又发生了哪些变化？鸡蛋怎么样了？

幼₁：我们等了一会儿，那熟鸡蛋先是静静地躺在瓶里，后面就浮上来了。

师：是呀。我也看到了，小朋友的熟鸡蛋都浮起来了。那是谁帮助鸡蛋浮上来的？

幼₂：是小苏打吧！因为刚才珠子放在醋里，都没有变化。加了小苏打才冒出泡泡呢。现在鸡蛋是放在加了小苏打的醋里，才浮起来的，肯定是小苏打。

幼₃：我觉得是小苏打和醋加在一起，然后帮助鸡蛋浮起来的。

幼₄：应该是小苏打和醋加在一起变的泡泡，让鸡蛋浮起来的吧。

（教师结合幼儿的回答，再次出示化学变化图示，重点引导幼儿大胆连贯地描述实验过程与结果，并进行验证）

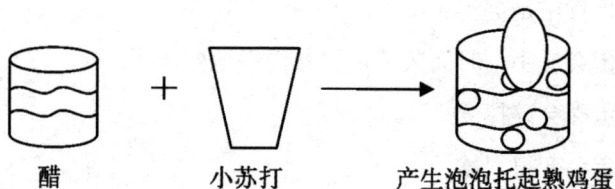

醋　　　　　　　小苏打　　　　产生泡泡托起熟鸡蛋

师小结：把熟鸡蛋放进加了小苏打的醋里，刚开始熟鸡蛋沉了下去，但是，由于小苏打加到醋里会产生许多的泡泡，这些泡泡不断聚在鸡蛋的周围，会把鸡蛋托上来。

四、游戏："会跳舞的鸡蛋"（时间2—3分钟）

（一）介绍游戏玩法

用双手拍打瓶子，鸡蛋会在瓶中一上一下，好像在跳舞。

〔评析：在环节的设计上，从小实验泡泡的产生——泡泡能使蛋浮起来——会跳舞的蛋，实验难度层层深入，互相依托，在实验的基础上，用实验成果来进行相关游戏，可以增强幼儿科学探究的成就感〕

（二）交代游戏要求

师：鸡蛋在"跳舞"时，小朋友要仔细观察并认真动脑筋想一想：鸡蛋为什么会"跳舞"？

（三）幼儿游戏，并自由交流

（四）集中交流鸡蛋"跳舞"的原因

师：鸡蛋为什么会一直动，像"跳舞"一样呢？

幼$_1$：鸡蛋会浮起来，也会沉下去，我们一直拍它，它肯定会一直动。

师：你说的有道理，那鸡蛋是怎么动的？

幼$_2$：鸡蛋刚才已经浮上来了，我们用手去拍打它，它被里面的水摇晃，就会动。

师：你说的我试了一下，是摇晃了，但是，怎么能让鸡蛋一上一下地动呢？

幼$_3$：我刚在拍的时候，发现鸡蛋旁边有很多泡泡，是泡泡摇动鸡蛋，然后就一上一下地动了吧。

师：你观察得真仔细，鸡蛋旁确实有很多的泡泡，那泡泡是一直都在鸡蛋的旁边吗？

幼$_3$：好像没有，我们在拍的时候，有些泡泡都破了。

〔评析：幼儿围绕教师提出的问题进行有序地操作、观察、思考；教师鼓励幼儿去发现别人没有注意到的现象，鼓励幼儿说出所看到的、想到的，引导幼儿自由交流、讨论，使幼儿在科学探索活动中始终保持浓厚的兴趣，真正体现出幼儿的主体地位〕

（五）教师重复实验并进行总结

师小结：将鸡蛋放入小苏打和醋加在一起的瓶里，鸡蛋周围会有许多的泡泡。用手拍打瓶子，鸡蛋周围的泡泡破了，鸡蛋就沉下去了，过了一会儿，鸡蛋周围又聚集了很多圆圆的泡泡，这些泡泡又把鸡蛋托上来了。所以看起来鸡蛋像在一上一下地"跳舞"。

活动延伸

1. 鼓励幼儿与家人一起玩"小魔术"——奇妙的泡泡。

2. 继续探索生活中小苏打放入醋里产生泡泡的化学现象所带来的其他作用。

"雨从哪里来"片段教学实录

阮芬华　张爱珠

活动目标

1. 引导幼儿自主尝试做小实验，使幼儿初步感知"水蒸气蒸发"以及"雨是怎样形成的"等一些科学现象。

2. 激发幼儿观察、发现，产生探索自然现象的兴趣。

活动准备

物质准备：雷声和雨声的录音，智慧树中《发现奥秘》的音乐磁带；实验器材：酒精灯、烧杯、玻璃片、打火机；投影机，故事《水滴旅行记》课件，《下雨前》课件。

活动过程

一、谈话导入

（教师播放雨的形成课件，引导幼儿听雨声看雨景）

师：今天，老师请小朋友听一段奇妙的声音，是什么声音呢？我们一起来听听吧。

幼：打雷下雨的声音。

师：雨从哪里来？

幼：从天上来。

师：你们知道天上为什么会下雨吗？

幼$_1$：因为天上有云彩。

幼$_2$：因为天上有乌云。

师：雨是什么颜色的呢？

幼$_1$：雨是白色的。

幼₂：雨是没有颜色的。

师：雨是什么味道的呢？

幼₁：雨有点咸。

幼₂：雨没有味道。

师小结：小朋友观察得真认真、细致，知道雨是无色无味的，那么雨到底是从哪里来的呢？让我们做个小实验，就知道了。

〔评析：大班幼儿对生活中的雨并不陌生，利用课件，让幼儿通过听、看感知，才能切切实实地联系到生活中。确实需要幼儿观察的，通过各自观察，分享给大家，是一种经验交流〕

二、展示部分

（一）教师介绍实验器材，引导幼儿自己尝试做实验，通过观察，使幼儿了解雨的形成原因

1. 小实验：用酒精灯加热烧杯里的水，让幼儿观察烧杯里的水。

师：你们发现了什么？

幼₁：有烟冒出来。

幼₂：有气泡，有"吱吱"的声音。

师：小朋友观察得真细致，水热了就会有水蒸气，许多水蒸气向上的现象叫做"蒸发"。

师：你在哪里看见过水蒸气的现象？

幼₁：烧开水的时候有水蒸气。

幼₂：妈妈煮饭的时候有水蒸气。

师：水变成水蒸气跑到哪里去了？变成了什么？

幼₁：它跑到天上去了。

幼₂：老师，它是不是变成了雨？

师：你说得真好，水蒸气跑到天上去了，是不是变成了雨落下来了呢？现在，老师请小朋友自己动手做个小实验，寻找雨的秘密。

2. 幼儿分组实验，在老师的帮助下，把热水倒在杯子里，盖上玻璃片，让幼儿进行仔细观察。

师：你们发现了什么？

幼$_1$：我发现玻璃片上有水珠。

幼$_2$：我发现玻璃片上有水汽。

幼$_3$：玻璃片上的水珠掉下来了。

（很多小朋友发现了这个现象）

师小结：水蒸气遇冷就会变成小水珠（因为玻璃片是冷的），聚集在一起，多了就会落下来。

师：刚才，我们做了两个小实验，现在谁来说一说雨是怎样形成的。

幼$_1$：水加热后，形成水蒸气，遇到冷空气，就变成雨了。

幼$_2$：水加热后，形成水蒸气，水蒸气变多了，它们抱在一起，遇到冷空气，形成小水珠。当它们托不住的时候，小水珠就落下来，就是雨了。

师：你们的回答真是太精彩了，真是有想法的孩子。

3. 幼儿欣赏故事《小水滴旅行记》，更进一步了解雨的形成。

通过直观教学，使幼儿进一步了解"雨是如何形成的"这一科学现象。

师：我们一起来看课件里的小水滴旅行，说一说水蒸气到哪里去了，雨从哪里来，为什么池塘里的水不会溢出来。

幼$_1$：水蒸气到天上去了，变成白云，白云遇冷，下雨了。

幼$_2$：下雨了，雨落到池塘里，流到大海里。

师小结：水加热变成水蒸气，水蒸气上升变成云，云遇冷变成水珠，落下来变成雨，雨落在池塘里，流到大海里。

〔评析：通过两次的实验操作，让幼儿学会发现问题，根据问题的难易程度来寻找答案，满足了幼儿的求知欲，培养了幼儿动手操作的能力和勇于探索的精神〕

三、结束部分

（一）请幼儿试着说出雨的好处

师：你们喜欢雨吗？为什么喜欢？下雨时的心情怎样？

幼$_1$：下雨了，花儿、小草有水喝了，小树苗就会长大。

幼$_2$：下雨天，真好玩，可以打水仗，很开心。

幼₃：不喜欢下雨，到处都是湿的，不能出去玩。

（二）请幼儿试着说说雨的危害

师：如果雨下得太大了，也会发生一些危害，是什么危害呢？

幼₁：会发洪水，把房子冲走。

幼₂：会把汽车、人冲走。

师小结：小朋友能大胆表达自己的想法，真不错，雨是自然界中的一种自然现象，有它的好处与危害，希望小朋友从小学知识，学本领，长大当名科学家，要让雨为我们人类做更多的好事。

（三）集体跳《发现奥秘》歌舞

活动延伸

1. 下雨前的现象。

师：小朋友，现在我们知道了为什么会下雨，那你们怎么才能提前知道要下雨呢？

（师幼讨论下雨前的征兆）

2. 播放课件《下雨前》。

幼儿讨论，教师小结：燕子低飞要下雨，青蛙高唱要下雨，鱼游水面要下雨，蚂蚁搬家要下雨等。

师小结：我们在生活中，要注意多动脑筋，多思考，多观察，一定能学到很多有用的知识。

〔评析：教育是延伸和发展的，通过小结及活动延伸，解开幼儿种种的疑问，拓展与巩固他们的经验与视野，使他们萌发对科学现象的探索兴趣〕

科学领域（数学）

"认识时钟整点"片段教学实录

蔡蓉蓉

活动目标

1. 认识时钟，了解时针和分针的运转关系，学会看整点。
2. 主动参与探究活动，体验数学与日常生活的密切联系。
3. 初步建立时间观念，知道合理安排时间，做个珍惜时间的孩子。

活动准备

经验准备：带领幼儿观察时钟，了解时钟与人们日常生活的关系。

物质准备：龟兔钟面模型一个；实物钟 3 只；可以拨动的小时钟模型人手一只；小钟表图和记录卡若干。

活动过程

一、游戏导入，初步了解指针的方向及快慢

师：小朋友们，你们听过《龟兔赛跑》的故事吗？

幼：听过！

师：故事里谁输了比赛呢？

幼：兔子！

师：自从兔子跑输了之后，它的心里非常难过，怎么也没想到自己竟会输给一只小小的乌龟，多没面子呀！所以它一直想跟乌龟再比一次。今天兔子和乌龟相约来到了我们班，想请我们小朋友做裁判，看看今天谁会赢，小朋友们你们愿意帮它们吗？

幼：愿意！

（教师出示龟兔钟面模型：兔子头像在分针上，乌龟头像在时针上）

师：好，比赛马上就要开始了，兔子和乌龟请在起点准备好，你们看，他们都站在哪个数字上？

幼：12。

师：小朋友们把你们的发令枪举起来，预备——跑！

（教师边说边演示教具，将分针转一圈）

师：这次谁赢了？

幼：小兔子！

师：为什么是兔子赢了呢？

幼$_1$：这次兔子没睡觉！

幼$_2$：兔子腿长，那个针也长；乌龟腿短，它呆的那个针也短，所以跑不过。

幼$_3$：兔子这次知道时间很宝贵，拼命跑就赢了。

幼$_4$：兔子从12跑了一圈又到了12，乌龟才走了一格的路。

〔评析：以幼儿熟悉的龟兔赛跑故事导入活动，既深深吸引幼儿，又具备两大功能：一是让幼儿从龟兔赛跑的轨迹初步了解指针运转方向；二是通过兔子获胜的经历让幼儿知道要珍惜时间〕

二、认识钟面上的指针和数字，进一步了解指针行走规律

（一）了解钟的作用

师：龟兔赛跑的跑道有点像我们见过的什么？

幼$_1$：幼儿园里的圆形操场。

幼$_2$：家里的钟。

幼$_3$：爸爸的手表。

师（出示实物钟）：看，老师给大家带来了什么？

幼：钟。

师：这些钟漂亮吗？它们有什么用？

幼$_1$：告诉我们时间，每天早上叫我们准时起床。

幼$_2$：有了钟，爸爸妈妈上班就不会迟到了，我上幼儿园也不会迟到。

幼₃：运动员比赛也要用钟来计算时间。

（二）认识钟面

师：我们一起来看一看，钟面上有什么？

幼₁：钟面上有两根针。

幼₂：钟上还有数字。

师：我们先来看看这两根针，它们有什么不一样？

幼₁：一根长，一根短。

幼₂：一根粗点，一根细点。

师：你们的小眼睛真能干，（拿起"龟兔钟面模型"）刚才小兔子住的那根细细、长长的针叫分针，小乌龟住的粗粗、短短的针叫时针。（拿起普通钟面）现在请你们再找一找，这个钟上哪根是时针，哪根又是分针呢？

幼：这根细细长长的是分针，那根粗粗短短的是时针。

师：刚才有小朋友发现了，钟上还有数字，你认识这些数字吗？

幼₁：这个钟上有数字1、2、3、4、5、6、7、8、9、10、11、12。

幼₂：这个钟上有数字3、6、9、12。

师：这些数字是怎样排列的呢？

幼₁：从小到大转圈排的。

幼₂：每个数字间都有一个小空格。

（三）探索指针行走规律

师：今天老师给每个小朋友都带来了一个钟，现在请你们试着拨拨看，会有什么发现呢？

（教师指导幼儿尝试拨钟）

幼₁：时针和分针都是顺着1、2、3、4、5、6、7、8、9、10、11、12的方向走的。

幼₂：时针走得慢，分针走得快。

幼₃：分针转一大圈，时针只往前走一小格。

师小结：钟面上有时针和分针，时针又短又粗，分针又长又细。指针转动时都是顺着从1到12的方向转的，钟面上的分针像兔子一样跑得快，时针像乌龟一样跑得慢，分针走完一圈，时针走一格。

〔评析：通过让幼儿看一看、比一比、拨一拨等形式，让幼儿认识到分针像兔子一样跑得快，时针像乌龟一样跑得慢，幼儿对时针、分针运转规律有了进一步的了解，乌龟和兔子的比喻既生动形象，又与前面环节很好地衔接起来〕

三、认识整点

师（拨出三个整点钟面：3点、8点、10点）：你们知道这几个钟面上显示的时间是多少吗？看看这三个钟面上有什么地方是一样的？有什么地方是不一样的？

幼：一样的是分针全部指在12上，不一样的是时针指的数字不一样。

师：那它们分别代表几点钟呢？告诉你们哦！这个钟是表示3点，那其余的两个呢？

幼$_1$：这个是8点。

幼$_2$：那这个肯定是10点。

师小结：分针指在12上，时针指向几就是几点整。

师：请拿出你们的小钟，请小朋友一起来试着拨一拨2点整、6点整。

师：请你和旁边的好朋友一起拨一拨几点整，再说一说。

〔评析：让幼儿掌握整点是本节活动的重点，教师遵循循序渐进的原则，通过让幼儿观察、比较、动手操作，使整个活动过程层层递进，将每一次评价都变成问题抛给幼儿，使幼儿一直处于积极思维之中〕

四、游戏巩固

（一）组织红蓝两队幼儿比赛

师：今天我们也来一场比赛吧！我们不比赛跑，比哪一队小朋友时间说得对，钟点拨得准。女小朋友是红队，男小朋友是蓝队，快快分组坐好。答对一题加一分。

第一轮，必答题：看钟表说时间。

（教师拨出7点整、12点整，两组分别说出钟面上的时间，答对者得分）

第二轮，抢答题：猜谜。"公鸡喔喔催天明，大地睡醒闹盈盈，长针、短针成一线，请问这时几点整？"

〔评析：这个谜语对大部分幼儿来说需要"跳一跳"才"够得到"，对活跃幼儿思维起到一定作用〕

第三轮，操作题：老师说出一个时间，请幼儿动手拨指针，在规定的时间里全对的一队可以得分，队员可以互相帮助。

师：我们看一看，是哪队赢了？庆祝一下！

〔评析：大班幼儿好胜心强，喜欢参加各项比赛活动。这一环节既让幼儿巩固练习了拨整点，又培养了幼儿的竞争意识和合作学习意识〕

（二）游戏：找朋友

师：老师在你们椅背上的小袋袋里藏了一张卡片，有的卡片上是钟表，有的卡片上是几点整的记录卡，请你去找找它们相对应的好朋友。找对朋友的可以跟别人交换卡片再玩一次哦！

（配音乐《找朋友》，闹钟声响起时结束）

师：现在到了我们出去活动的时间了，带上你的好朋友一起出去吧！

〔评析：结束环节，教师根据闹钟提示告诉幼儿什么时间做什么事情，其实也就是潜移默化地告诉幼儿应合理安排时间，做个珍惜时间的好孩子〕

活动延伸

组织幼儿一日活动时，继续引导幼儿看时间，将时间与幼儿日常生活联系起来。也可引导幼儿当小小设计师来设计各式各样的钟表。

"亲密好邻居——二等分"片段教学实录

成麟琳

活动目标

1. 学习运用各种方法将物体二等分，感知整体和部分的关系。

2. 在绘本情境中学会运用二等分的知识解决生活中的问题，产生探索物体等分的兴趣。

3. 懂得与同伴合作与分享，感受友谊带来的快乐。

活动准备

经验准备：认识正方形、长方形、三角形、梯形、椭圆形；玩过影子游戏，能认识一些常见物体的影子。

物质准备：白板课件，各种形状的彩纸，剪刀、笔、食物、量筒、分类盒、磁铁。

材料配套：幼儿活动操作材料《科学·等分》。

活动过程

一、分饼干——尝试不同图形的二等分

（一）故事导入，初步判断不同图形的二等分

师（边看课件边讲故事）：小朋友们，小猴和小熊是一对好朋友，小猴住在山上，小熊住在山脚，他们是最亲密的好邻居，平时有什么好吃的，都要一人一半分了吃，谁也不想多吃一点。你们看，今天小猴烤了一些小饼干，他们又要开始分饼干吃了，可是怎么分才能分得公平呢？这可让小猴和小熊为难了。小朋友们，你们能帮帮它们吗？

师（出示各种形状的饼干的课件）：看看，小猴烤了什么形状的饼干？

幼$_1$：正方形、长方形的饼干。

幼$_2$：还有椭圆形的饼干。

幼$_3$：还有梯形饼干。

师：那怎样分饼干才公平呢？

幼：把每块饼干分成两半。

师：好主意，把每块饼干分成两半，那要把每块饼干分成怎样的两半？

幼：大小一样的两半。

师：嗯，把每块饼干分成大小一样的两半，这个方法叫二等分。那小猴和小熊这样分饼干，有没有把每块饼干都二等分呢？

（播放每块饼干被分后的课件）

幼₁：圆形饼干被二等分了。

幼₂：正方形和长方形的饼干也被二等分了。

幼₃：这个梯形和这个椭圆形的饼干被二等分了。

师：我们把已经二等分的饼干放进盘子里吧。

（幼儿到白板上操作）

师：你们怎么知道这些饼干被二等分了呢？

幼：我们看出来的。

（二）幼儿观看视频了解二等分

师：到底怎样才能二等分呢？我们一起来看一段视频，了解一下二等分。

（播放视频）

师：视频里说，什么是二等分？

幼：把图形对折，分成大小一样的两半。

师：把各种物体对半分成大小或者数量一样的方法就是二等分。那你们能把小猴和小熊没有二等分的饼干重新分一分吗？

（幼儿到白板上操作，将没有二等分的饼干重新二等分）

（三）幼儿分饼干，尝试不同图形二等分的多种分法（重点探索长方形的二等分）

师（播放课件，出示圆形、三角形、长方形图案饼干）：看，这里有三块饼干，它们被二等分了吗？

幼：没有。

师：谁来帮忙改一改？将它们也二等分。

（幼儿操作，在分长方形饼干时，出现了一幼儿横着分，一幼儿竖着分的现象）

师：咦，这块长方形饼干，你是横着分的，他是竖着分的，到底谁分得对呢？

幼₁：横着分。

幼₂：我觉得都对，可以不一样地分。

师：是吗？这块长方形饼干可以用不同的方法来二等分吗？

（师出示彩色纸做的长方形饼干）

师：老师给你们准备了一些长方形饼干，你们拿出来试着分一分，看看刚才两个小朋友分得对不对？还会有其他方法吗？

（幼儿操作，将长方形饼干二等分后，用剪刀剪开，教师巡回指导）

师：你们分好了吗？发现了什么？

幼$_1$：我是横着分的，我把饼干二等分了。

幼$_2$：我竖着分的，现在分成的两块一样大，我把它二等分了。

（幼儿将分成的两块比了比）

师：原来，横着分、竖着分都可以把长方形二等分，那长方形还有其他的方法来二等分吗？

幼：我这样折了剪开，然后分成的两块也一样大。

师：哦，你分成了两个三角形，你是怎样分的？

（教师给幼儿一块长方形饼干，幼儿演示斜着折）

师：原来这样也可以把长方形二等分，我把它剪开验证一下。

（教师演示）

师：小朋友们，你们看，分成的两半一样大吗？

幼：一样大。

师（播放长方形被三种方法二等分的课件）：原来长方形被二等分的方法不止一种，可以横着分、竖着分，还可以斜着分。不仅可以角对角斜着分，你们看我从中间把它分成两个梯形，也可以二等分哦。

（教师演示课件）

〔评析：从绘本故事导入，引出二等分的概念，符合幼儿的年龄特点，有利于激发幼儿的兴趣和探索二等分的欲望。在本环节中，从肉眼判断到视频中的概念提出再到幼儿亲手操作，层层递进，帮助幼儿体验二等分的概念，特别是在实际操作中，让幼儿实实在在地验证和体验二等分的概念。同时在幼儿的操作中发现问题，提出了长方形有不同二等分的方法，引导幼儿扩散经验，学习用不同方法解决问题〕

二、玩游戏——物体匹配，理解整体和部分的关系

师：你们真能干，将饼干都二等分了，小猴和小熊很快吃掉了饼干，它们谢谢你们哦！现在它们吃饱啦，想来考考你们，玩一个对对碰的游戏。你们看（播放各种物体的影子课件，各种影子已经被二等分分成两半，散放着）这些物体都被二等分了，可是分成两半后，被弄乱了，所以它们隐身了，你们能把它们的另一半找到拼在一起吗？如果拼对了，它们就会现身哦！

幼₁（在白板上操作）：这个是大树的一半，另一半在这儿。

师：我们来看一看，是不是呢？如果他拼对了，大树就会现身啦！我们一起来数1、2、3，让小猴和小熊给我们答案吧！1、2、3……（大树从影子变成了绿色的大树）拼对啦！你真棒！

（幼儿逐个将飞机、月牙、小花、糖果都拼完整）

师：你们真棒，把这些被二等分的物体的另一半都找了出来。小猴和小熊都夸小朋友真聪明！

〔评析：从正方形、长方形、圆形等常见规则图形的二等分迁移经验，引出对生活中常见物体的二等分，正是体现了《纲要》中提出的要帮助幼儿利用所学的数学经验解决生活中的问题，也就是要将数学活动生活化的要求。当然，由于幼儿年龄、经验、水平的限制，教师给幼儿提供的生活中常见物体也是相对规则的，有利于幼儿进行二等分的操作，并获得成功的喜悦〕

三、分粮食——尝试不同物体二等分

（一）分栗子，学习物体数的二等分

师：吃了饼干，玩了游戏，小熊和小猴要上山干活了。一路上，小熊捡到了一些栗子，你们来数一数，有几颗？

幼：1、2、3、4、5、6、7、8，有8颗栗子。

师：要将8颗栗子分成两份，怎样二等分？

（播放分栗子课件）

幼₁：你一个，我一个，你一个，我一个。这样就可以二等分了。

师：还有不同的方法吗？

幼₂：8颗栗子，小熊4个，小猴4个。

师：是吗？你来试试看。

（幼儿在白板上操作）

师：我们一起来看看，他分得对吗？小熊和小猴分得一样多吗？

幼：一样多。

师：你们真能干，一直在帮小熊和小猴解决问题。

（二）分玉米，学习物体数与量的二等分（从数量的二等分引出物体重量的二等分）

师：小熊和小猴分好栗子，就开始收玉米了。它们收获了9袋玉米，怎么二等分呢？

幼₁：小熊4袋，小猴4袋。

师：那还多了一袋怎么办呢？我们可以用什么工具来帮忙呢？

幼₂：可以把这袋用秤称一称，然后每人分一样重的玉米。

幼₃：天平也可以把它二等分。

师：你们真厉害，还知道用秤和天平来分。

（教师出示秤和天平的课件）

师：如果没有秤和天平怎么办呢？这个是什么？你们认识吗？

（教师出示量筒）

师：这是量筒，我们可以用它，你一筒我一筒，最后也能平分这袋玉米。

〔评析：这个环节是对帮助幼儿解决生活问题的进一步深入，从平面图形到个体数量再到物体重量，利用幼儿生活中的原有经验，将幼儿学到的二等分的概念迁移运用到生活中的各个方面，融会贯通，实现数学活动生活化的目标，也进一步帮助幼儿巩固二等分的概念〕

四、庆丰收 Party——运用已有的二等分知识解决生活中的问题

师：丰收啦！小熊和小猴准备了许多好吃的，谢谢小朋友们一直帮助它们。不过它们有个要求，你们要找个好朋友，两个人一起将这些好吃的二等分后，再吃哦！

（幼儿将饮料、糖、饼干等食物二等分，并与他人分享）

师：小熊和小猴要回家啦！外面忽然下起了大雨，只有一把伞，怎么

办呢？

幼₁：把伞分开。

师：伞分开还能挡雨吗？你们看，小熊和小猴怎么做的？

幼₂：它们一起撑着一把伞。

师：原来不是所有的东西都要分成两份的哦！孩子们把好吃的带上和班上其他的小朋友一起分享吧！

〔评析：最后的延伸活动，既让幼儿在操作中再一次巩固对二等分的认识，又在结伴操作中学会合作与分享，同时带出一个哲理性的问题，虽然我们学会了二等分，但是友谊不用二等分，和朋友在一起更快乐，体现出活动设计的人性化〕

"以自身为中心区分左右"片段教学实录

林丽萍

活动目标

1. 会以自身为中心，尝试确认左右位置关系；
2. 会判断物体与自身的左右关系；
3. 提高幼儿空间方位知觉和判断力。

活动准备

PPT 图片。

活动过程

一、教师与幼儿互动进行"指五官游戏"引题

师：今天我们一起来玩"指五官"的游戏，看哪位小朋友指出时动作又快又准。

（教师发出指令：眼睛、耳朵……）

幼（跟随指令指出五官）：眼睛、耳朵、嘴巴……

师：现在老师想给这个游戏增加点难度，大家再来试一试吧！

幼：好。

（教师发出新指令：左眼睛、右耳朵……）

师：这一次的游戏比上一次难在哪里？

幼₁：我有时候会把左眼睛指到右边的。

幼₂：我经常会指错方向……

〔评析：在游戏中，从幼儿熟悉的周围实物入手，由简单的、不分左右的游戏过渡到较有难度的有左右的游戏，目的在于通过游戏，使幼儿在实际生活中初步感知左、右两个不同的方位，由此过渡到新活动的尝试与学习〕

二、初步理解以自身为中心区分左右

师：生活中你是怎么区分左右的?

幼₁：我妈妈说拿彩色笔的那边就是右边。

幼₂：我拿筷子的是右边，拿碗的是左边……

师：左和右是一对好朋友，请小朋友们找一找我们自己身体上的左、右好朋友。

幼₁：眼睛有左右，耳朵也有左右。

幼₂：我们的小手、小脚也有左右边。

师小结：我们身体上的左右朋友会改变吗？

幼：不会。

师：那么今后，我们就可以用我们身体上的左右朋友来判断左右方位。

师：现在就让我们一起来试试分辨坐在自己左边和右边的朋友。

幼：我的左边是×××，我的右边是×××。

〔评析：从区分自己的左右手——自己身体的左右——左右边的朋友——左右边的事物，逐步扩大范围让幼儿感知以自己为中心区分左右〕

三、通过游戏学习以自我为中心区分左右

师：现在我们一起来玩"听口令做动作"的游戏。

师：小朋友真棒，都能根据老师的口令来游戏。

师：我们现在增加一点难度，再来玩个"跳圈圈"游戏。你们可以先用不同的饰物将自己的身体左右进行部分装饰，分辨出左右，再进行跳圈圈游戏。

（游戏过程中改变幼儿站立方向，引导幼儿进一步理解以自我为中心进行左右区分）

师小结：今天小朋友们非常棒，虽然小朋友站的方向变了，左右方向看到的东西也变了。但是不管我们站在哪个位置，我们都可以用我们的身体左右来判断我们的左、右方向。

〔评析：通过简单游戏到改变自我站立方向，让幼儿进一步感知以自己为中心区分左右，提高幼儿空间方位知觉和判断力〕

四、观看 PPT 图片，理解生活中左右的应用

（教师出示图片，引导幼儿说说在日常生活中观察到的上下楼梯、开车、走路等左右方位的运用）

师：今天我们学习了区分左右，那么区分左右对我们有什么帮助？

幼$_1$：吃饭的时候我们可以区分左右；上下楼梯也有左右之分。

幼$_2$：过马路也有左右方向。

幼$_3$：我们平常穿的鞋子、袜子都有左右区分。

……

〔评析：通过生活中的事例，使幼儿对生活中左、右的空间概念进一步提升，并能在生活中寻找这样的例子，从而加深印象，学会运用〕

延伸活动

游戏："我是小司机"，幼儿看信号开汽车，学习运用左右方位知识。

艺术领域（音乐）

"快乐的小厨师"片段教学实录

朱家红

活动目标

1. 学习歌曲的说白部分，掌握说词的语言节奏，能用活泼欢快的歌声演唱歌曲。

2. 尝试看图谱、编说词进行说唱，感受与同伴合作说唱的成就感。

活动准备

经验准备：幼儿已学会歌曲《快乐的小厨师》的演唱部分。

物质准备：音乐《快乐的小厨师》、播放器；土豆炒洋葱、青椒炒牛肉、芹菜炒茶干等菜谱图片；"青椒炒牛肉"说唱节奏图谱一张。

活动过程

一、复习歌曲《快乐的小厨师》，导入活动

师：小朋友们，"宝宝餐厅"举办的厨艺大赛马上就要开始了，想做快乐的小厨师吗？我们赶紧跟着音乐操练起来吧！

（师幼跟着音乐练习歌曲的演唱部分）

〔评析：活动一开始将幼儿带进"厨艺大赛"情境，激发了幼儿参与活动的兴趣〕

二、幼儿学习歌曲说唱部分

（一）倾听《快乐的小厨师》说唱部分，引导幼儿有节奏地说出歌曲中的菜名

师：厨艺大赛开始了，仔细听一听，第一位厨师炒的什么菜？他是怎么

说的？

（教师清唱歌曲，有节奏地说出做菜过程与菜名）

师：听到了吗？第一位厨师炒的是什么？

幼：青椒炒牛肉。

（幼儿回答，教师出示菜的图片）

师：菜里面有什么？

幼₁：青椒。

幼₂：牛肉。

（二）借助图谱，幼儿学习说唱中的切菜节奏

师：厨师切青椒、牛肉的节奏一样吗？

（幼儿自由表述，有的说一样，有的说不一样）

师：到底一样不一样呢？我们再一起来听一遍。

（教师分别说出切青椒与牛肉的节奏：青椒青椒，切切 切切 切切；牛肉牛肉，切切切切）

师：两种节奏一样吗？

幼：不一样！

师：歌曲里切青椒的节奏是怎么样的？一起学一学。

幼：青椒青椒，切切 切切 切切。

师：说得真棒！谁能找出表示切青椒的节奏图谱，将它放到青椒后面呢？

（请一幼儿将跟青椒相应的节奏图谱贴起来）

师：他贴得对吗？我们一起来听一听、说一说。

师：切青椒的节奏是青椒青椒，切切 切切 切切，切牛肉的节奏是什么样的呢？谁来找一找、贴一贴？

师：贴得对吗？我们一起来听一听、说一说。

师：小朋友的耳朵真灵，能听出两种不一样的节奏，我们一起来看图谱，跟着音乐唱一唱、说一说好吗？

（教师连贯说出青椒与牛肉，幼儿跟着教师的节奏边说边检查节奏图谱）

（三）再次倾听说唱部分，引导幼儿先学说最后一句"炒炒 炒炒 炒炒，青

椒炒牛肉，请你尝一尝"，再完整进行说唱

　　师：青椒跟牛肉切完了，接下来，厨师该干什么了呢？

　　幼：炒菜了。

　　师：我们一起跟他炒一炒吧！

　　（教师示范说出"炒炒炒炒炒炒，青椒炒牛肉，请你尝一尝～"的节奏，幼儿跟述）

　　（四）玩"躲猫猫"游戏，让幼儿跟随音乐说唱节奏，巩固幼儿对说唱的掌握

　　师：这位厨师炒的青椒牛肉可好吃了，好多人都在等着吃呢！我们跟着这位厨师一起做一做这道菜。

　　师：青椒炒牛肉。

　　幼：青椒青椒｜切切切切切切，｜牛肉牛肉｜切切切切，｜青椒牛肉｜炒炒炒炒炒炒，｜炒炒炒炒炒炒。

　　齐：青椒炒牛肉，｜请你尝一尝｜

　　师：小朋友的青椒炒牛肉味道真不错，现在青椒牛肉要和我们玩"躲猫猫"的游戏，请小朋友将眼睛闭起来，1、2、3，小眼睛睁开，看看谁不见了？

　　幼：切青椒节奏不见了。

　　师：对呀，表示切青椒的图谱没有了，那你们还能说出切青椒的节奏吗？

　　（幼儿说唱第一部分）

　　师：你们真能干，说得真棒！小眼睛闭起来，1、2、3，小眼睛睁开，看看又有什么图谱不见了？你们还能说出切牛肉的节奏吗？

　　（逐步减少图谱，巩固幼儿对说唱的掌握，熟练掌握切菜的节奏）

　　（五）幼儿完整演唱歌曲

　　师：《快乐的小厨师》这首歌加上说唱部分变得更有意思啦，现在我们跟着琴声用好听的声音将这首歌连起来唱一唱吧！

　　〔评析：这一环节中，图谱的出示帮助幼儿理解并记忆说唱内容，为接下来幼儿尝试小组合作编菜谱打下基础。用幼儿喜欢玩的"躲猫猫"游戏帮助

幼儿练习说唱节奏，从简到难，层层递进，更好地为幼儿掌握说唱节奏服务〕

三、创编歌曲说唱内容并根据节奏说唱

（一）师幼共同创编新菜谱

1. 幼儿根据已有经验自由猜测菜名，并练习按正确节奏说出创编内容。

师：第一位厨师比赛结束了，你觉得参加比赛的第二位厨师会炒什么菜呢？

师：第二位厨师炒的到底是什么呢？你们看——

（教师揭示菜名"土豆炒洋葱"并出示图片）

师：这个菜里有些什么？

幼：土豆。

幼：洋葱。

师：谁来找出土豆与洋葱的图片换到节奏图谱上？

（请一名幼儿在节奏图谱上分别贴上土豆与洋葱）

师：我们一起看着图谱，跟着节奏说一说吧。

（幼儿与教师练习按正确节奏说出创编内容）

师：第三位厨师又会炒什么呢？

（幼儿再次猜测菜名，教师神秘揭示菜名"芹菜炒茶干"并出示图片，请幼儿说出里面有什么，在节奏图谱上分别换上芹菜与茶干，练习按正确节奏说出创编内容）

2. 说唱游戏"接力赛"：将幼儿对半分成两组，跟随音乐节奏，一组幼儿说菜名，另一组幼儿紧跟着说出切菜、炒菜的节奏。

〔评析：让幼儿结合已有生活经验，猜一猜厨师会炒什么菜，极大地调动了幼儿参与活动的积极性，幼儿非常乐意参与说唱活动并享受活动带来的愉快体验〕

3. 教师出示几种蔬菜图片，鼓励幼儿想出不一样的菜名，并按说唱节奏说一说。

师：如果你是小厨师，你会做出什么好吃的菜让娃娃吃呢？

幼：西红柿炒蛋。

师：做这道菜需要哪些材料？你能按节奏说出来吗？

（幼儿尝试替换蔬菜名称，教师鼓励全班幼儿参与创编）

（二）尝试小组合作创编菜谱

（出示菜谱6张，引导幼儿先观察图片里用了哪些材料，再想想怎么用这些材料替换，变成新的说唱菜谱）

师：老师这里给小朋友们准备了一些菜谱图片，请每一组小朋友先选一张菜谱，找一找菜谱上需要什么材料，再按照说唱节奏把材料编进歌曲里，小组长带领大家一起说一说、唱一唱。

（幼儿分小组进行创编，教师巡回指导）

师：哪组小朋友愿意上来表演你们创编的说唱部分？大家注意听，看看哪组小朋友编得好。

（组织全班幼儿给表演的小组一些奖励，如：鼓掌、竖大拇指等）

〔评析：在编编、说说、唱唱等活动中，幼儿不仅了解了一些菜的简单做法，更激起多吃蔬菜，做个不挑食的好宝宝的愿望；用集体夸赞的方式让幼儿体验到与同伴合作创编的成就感〕

四、幼儿完整演唱，结束活动

请全体幼儿合着音乐用新编的说唱词完整演唱歌曲《快乐的小厨师》。

活动延伸

区域活动：在音乐区投放菜谱图片、图谱，提供与活动有关的能敲出音响的生活用品，如不锈钢勺子、盘子等，让幼儿继续创编和表演，并敲击节奏加以伴奏，充分享受说唱活动的乐趣。

家园共育：请幼儿回家后教爸爸妈妈说唱歌曲，并和家长研究出更多的菜，创编新的说唱词进行表演，来园后与教师、同伴分享。

附：活动资料

快乐的小厨师（歌曲）

"青椒炒牛肉"说唱节奏图谱（示例）

				青	椒	炒牛	肉

"喜羊羊与灰太狼"片段教学实录

陈爱丽

活动目标

1. 能认真倾听音乐，分辨出音乐中的长音和重音。
2. 结合故事并随音乐合拍地进行角色扮演、做出游戏动作。
3. 遵守游戏规则，充分体验游戏的乐趣和与同伴合作的快乐。

活动准备

经验准备：了解《喜羊羊与灰太狼》动画的内容。

物质准备：音乐，喜羊羊和灰太狼的指偶幼儿人手一份。

活动过程

一、故事导入

（以故事导入活动，引发幼儿兴趣）

师：一天晚上，喜羊羊和灰太狼都出门去散步，走呀走，走到了一个黑咕隆咚的巷子里，砰！它们撞在了一起，都吓了一大跳。由于天太黑，它俩都没看清楚对方到底是谁，就又慢慢凑到了一块，砰！又撞上了，哎哟喂～真是冤家路窄！

师：灰太狼摸了摸晕晕的脑袋回过神来一看，嘿嘿，那不是喜羊羊嘛，灰太狼会怎么做呢？

幼：赶紧去抓喜羊羊。

师：喜羊羊又会怎么做呢？

幼$_1$：喜羊羊会逃跑。

幼$_2$：躲起来。

师：喜羊羊眨巴眨巴眼睛一看，啊！那不是灰太狼吗？喜羊羊大叫一声"不好"，立即逃跑，灰太狼伸出爪子，一边叫着"站住"，一边向喜羊羊追去。你觉得它会追到喜羊羊吗？

幼：喜羊羊不会被抓到。

〔评析：《喜羊羊与灰太狼》是孩子们耳熟能详的动画片，活动一开始用诙谐有趣的故事进行导入，让幼儿在故事的情境中，感受欢快、神秘且富于变化的音乐，增强了幼儿参与活动的期待感〕

二、基本部分

（一）欣赏音乐，整体感知音乐

师：喜羊羊到底有没有被灰太狼追上呢？

幼$_1$：没有。

幼$_2$：有。

师：我们一起来听一听音乐就知道了。音乐听起来什么感觉？

幼$_1$：音乐听起来很欢快。

幼$_2$：有一段好紧张呀。

师：你觉得音乐里在说些什么呢？

幼$_1$：我听到喜羊羊和灰太狼出门散步了。

幼$_2$：它们在小巷子里遇到了。

幼$_3$：灰太狼去抓喜羊羊。

幼₄：喜羊羊在逃跑。

师：这段音乐你发现它有什么特别的地方吗？

幼₁：在音乐中有很重的音。

幼₂：有拉得很长的音。

师：刚才你们听到这段音乐有几段呢？

幼：没听清。

师：那我们再来听一遍。（音乐听完提问）这段音乐分为几段呢？

幼：三段。

师：你们的小耳朵真灵。

师：什么样的动作及表情可以让大家一看就知道你是喜羊羊？

幼₁：把两只手指放在头顶上。咩——

师：你们想用什么样的动作来表现灰太狼呢？

幼₁（示范）：五指张开。

幼₂：露出凶狠的表情。

（二）分段欣赏音乐，并将故事与音乐对应起来

师：这样吧，我们先来欣赏第一段音乐，请你结合老师刚讲的故事，说一说这部分音乐讲的是什么。

幼：我听到音乐里在讲喜羊羊和灰太狼出门去散步。

幼：我也听到了。

师：第一段音乐讲的是喜羊羊和灰太狼出门散步了。那狼、羊相撞时吓一跳、幽默诙谐的场景是第几段音乐呢？我们一起来欣赏。

（播放第二段音乐）

幼₁：后面一段，喜羊羊和灰太狼撞在一起吓一跳。

幼₂：第二段。

幼₃：喜羊羊赶紧逃跑，灰太狼去追喜羊羊。

师：第二段音乐里在说，碰面了快逃呀，碰面了快逃呀！我们知道喜羊羊是很聪明的，听听它们是怎么追跑的吧！（引出第三段音乐）我们聪明的喜羊羊想出了好多好办法在捉弄灰太狼呢！

师：如果你是喜羊羊，你会怎么捉弄灰太狼呢？谁来表演一下？

（邀请 3—4 名幼儿跟着第三段音乐表演创编动作）

师：你们听出来了吗，灰太狼共抓了喜羊羊几次？

幼：四次。

师：我们一起跟着音乐来抓一抓，躲一躲。（引导幼儿随第三段音乐在长音和重音中做躲、抓的游戏动作）

师：哪个音乐是喜羊羊在逗狼？

幼：长音。

师：灰太狼什么时间才可以抓喜羊羊？

幼：重音出现时才可以抓。

师：这一次，我们完整地听一遍音乐，请你把自己想成狼或羊随音乐做你想做的动作。

（幼儿用自主创编的简单动作表现喜羊羊和灰太狼，教师对幼儿的创编给予评价）

（三）引导幼儿相互合作，随音乐完整流畅地玩"喜羊羊和灰太狼"的游戏

师：我们再一起到前面随音乐来玩"喜羊羊和灰太狼"的游戏吧，看看狼能不能抓到羊。

师：你们想做灰太狼还是喜羊羊？

幼：喜羊羊。

师：到前面的空地上来吧。

（师幼分角色听音乐玩游戏，提醒幼儿倾听音乐，遵守游戏规则，充分体验游戏的乐趣）

师：好，我就是灰太狼。羊羊们准备好了么？

幼：可以开始了。

（师幼结合故事听音乐完整玩游戏：喜羊羊和灰太狼出门散步了，碰面了，快逃呀！碰面了，快逃呀！逗狼，抓羊，逗狼，抓羊，逗狼，抓羊，逗狼，抓羊）

师：哎哟，我是一只笨狼，我连一只羊都没有抓到。

幼（开心地大笑）：哈哈哈……

师：只有紧跟长音后的重音出现时，灰太狼才能抓，喜羊羊才能逃哦。

幼：我们还想再玩。

师：这一次，我们来交换，好吗？

幼：我们做灰太狼，老师做喜羊羊。

（听音乐玩游戏，注意卡准节奏）

师：你们没有抓到我吧？耶，加油！

幼：喜羊羊和灰太狼的游戏真好玩。

师：刚才我们是集体玩游戏，我们还可以换一种玩法呢！你们想怎么玩？

幼：找好朋友一起玩。

师：你们的意思就是两个人合作玩游戏么？

幼$_1$：是。

幼$_2$：一个小朋友做狼，另一个小朋友做羊。

师：玩游戏之前还有什么规则要商量的吗？

幼：两个人要商量好，谁做羊，谁做狼。

师：你们真会动脑筋，我们为自己鼓鼓掌。

师：今天，我还邀请了我的好朋友王老师和我一起玩游戏呢，请小朋友看一看我和王老师是怎么合作的。

（两名老师面对面，一名老师伸出两个手指头做羊，另一名老师五指张开做狼，跟着音乐联系故事内容游戏：喜羊羊和灰太狼出门散步了，碰面了，快逃呀！碰面了，快逃呀！逗狼，抓羊，逗狼，抓羊，逗狼，抓羊，逗狼，抓羊，没抓到！自己双手击掌一次）

师：大家都很想玩，那赶紧找一个小朋友来合作吧！商量好谁做狼谁做羊，我们跟着音乐来玩游戏。记得哦，只有紧跟长音后的重音出现时，灰太狼才能抓，喜羊羊才能逃。

幼$_1$：好玩。

幼$_2$：真有趣，我们还想再玩。

师：你们玩得这么开心，这样吧，我们互换角色再来玩一次。

师：小朋友们真棒，不仅能卡准音乐的节奏，还能做出各种丰富的表情来表现喜羊羊和灰太狼。

师：刚才我们是一个小朋友做狼，一个小朋友做羊的。那你们能不能想出办法，一个人既做狼又做羊呢？

幼$_1$：不知道。

幼$_2$：我想到了，可以一只手做羊的动作，另外一只手做狼的动作。

师：这个小朋友真聪明，我们为他鼓鼓掌。看，我给你们准备了什么？

幼$_1$：指偶。

幼$_2$：是喜羊羊和灰太狼。

师：为了防止你们混淆，我给你们准备了指偶。这样玩游戏时就能很清楚地看到自己哪只手是喜羊羊，哪只手是灰太狼了。

师：那赶紧戴在手指上吧，我们跟着音乐来玩游戏吧。

〔评析：基于音乐的特点，把这首乐曲和狼抓羊躲的故事内容相结合，幼儿跟随音乐自主创编动作以游戏的形式来表现故事，他们对灰太狼与喜羊羊的抓、躲都充满了兴趣，很多孩子都愿意扮演狼或羊来玩游戏。结合故事随音乐的结构和变化形象合拍地做出游戏动作，通过灵活多变、形象有趣的动作及表情表现羊闪躲时对狼的挑逗，幼儿在音乐中完整流畅地玩耍〕

三、结束部分

师：今天我们跟着音乐玩了喜羊羊和灰太狼的游戏，不仅和小伙伴合作玩了游戏，而且一个人扮演了两种角色，我们回到家还可以和爸爸妈妈玩一玩，也可以到班级区角里和好朋友玩一玩。

〔评析：《喜羊羊与灰太狼》的音乐游戏诙谐幽默，幼儿跟随音乐自主创编动作并根据音乐合拍地进行角色扮演，在活动中能遵守游戏规则，充分体验游戏的乐趣和与同伴合作的快乐。为了持续激发幼儿对音乐活动的兴趣，教师将此次活动延伸到区域活动，多途径激发幼儿参与活动的兴趣〕

"旋转的红舞帽"（墨西哥草帽舞）片段教学实录

王桂云

活动目标

1. 学习按乐曲节奏整齐、合拍地传送帽子。
2. 能在舞谱的提示下变换舞蹈动作，完整地表演集体舞。
3. 体验与同伴合作表演的乐趣。

活动准备

经验准备：幼儿具有初步的听音乐传物品的经验，看过杂技演员表演帽子戏法的录像。

物质准备：自制帽子每人一顶；自制舞谱（如图）；音乐：塞琳恰恰舞（ABCAB 结构）。

环境创设：与幼儿人数相等的小椅子摆成圆形，椅背朝向圆心。

活动过程

一、感知音乐活泼、欢快的情趣

师：小朋友，你手里拿着什么？

幼₁：帽子。

幼₂：红色的帽子。

幼₃：有黑黑的蝴蝶结。

师：看，戴上红礼帽，我们就成了风度翩翩的小绅士。让我们随着音乐跳起来吧。

（播放音乐）

师：你可以和老师一起跟着音乐动一动、跳一跳哦。

（师幼互动）

师：小朋友听着音乐，跟在老师后面，我们跟着节奏来走一走。

（幼儿在老师的带领下，围着椅子走圆圈，一个乐句移动一个椅子）

师：我们围着椅子，走成了一个什么形状？

幼₁：圆形。

幼₂：大大的圆形。

师：现在请你找一张小椅子坐下来，背向圆心，就像老师一样。

（幼儿找小椅子）

〔评析：贴合帽子舞的需要，教师设计让幼儿的椅子背向圆心，这样能充分利用周围更大的空间，使幼儿舞蹈动作更为舒展，也便于传递帽子。幼儿觉得特别新鲜，积极性很高〕

二、学会随音乐传递帽子

师：这顶漂亮的帽子可以怎么玩？

幼₁（边说边玩）：用手指顶在里面转一转。

幼₂：可以变魔术。

幼₃：可以扔得高高的，再接住。

幼₄：可以遮住眼睛，玩捉迷藏。

师：老师还想到一个新玩法，我们可以传帽子。小朋友蹲下来，面向小椅子，帽子放在椅子上，听音乐，按顺序把帽子依次往旁边一个一个传过去。我们来试试看。

（幼儿练习听音乐在椅子上传帽子，可练习2—3次）

师：在传递帽子时，你觉得哪里遇到问题了，可以提出来大家一起解决。

（幼儿自由探讨）

幼₁：有时候快了一点，有时候又慢了一点。

幼₂：旁边小朋友放的时候，没放稳，帽子滚到地上了。

师：没关系，刚才我们是因为对音乐不太熟悉，传帽子的动作也不够熟练，练习几遍，相信大家一定会玩得棒棒的。

师：现在我们试试"听音乐在头上传帽子"，你们坐下来，帽子戴在头上，听音乐依次拿前面小朋友的帽子，戴在自己的头上。我们来试试看。

（可练习 2—3 次）

师：如果传递过程中，帽子掉了，我们可以暂时不管它，听音乐继续传就行了。

〔评析：传递游戏对从未玩过的幼儿来说有一定难度，引导幼儿尝试从"椅子上传帽子"到"在头上传帽子"，由易到难，循序渐进，幼儿逐渐积累传递经验、慢慢熟悉音乐。教师不断用积极正面的话语鼓励幼儿，让幼儿对自己更有信心〕

三、看舞谱学跳集体舞

（一）分段练习

师：传帽子的游戏真有意思，让我们来编个帽子舞吧！瞧，老师为你们准备了五张图谱，它能帮助我们学会这个集体舞。

（五张图谱分别出示）

师（翻开图一）：图上画的是什么？让我们怎么做呢？

幼₁：站在椅子旁边，往前走。

幼₂：按顺序移动位置。

师：对了，我们把帽子戴在头上，听音乐，每一个乐句移动一张椅子，并且可以自由摆胯。听音乐来试试看。

（听 A 段音乐练习）

师（翻开图二）：第二张图谱上是什么动作呢？

幼₁：在椅子上传帽子。

幼₂：我们要蹲下来传帽子。

（听 B 段音乐练习）

师（翻开图三）：第三张图可有些奇怪，这么多箭头是什么意思呢？

幼₁：往外走，再往里走。

幼₂：是不是后退，再前进。

师：我们可以面朝圆心，把帽子拿在手中，先往外退，把帽子举起来，自由摆胯，再向圆心走，把帽子放在胸前，自由摆胯。

（听 C 段音乐一起面向圆心做动作）

师（翻开图四）：第四张图和哪个是一样的？该怎么做呢？

幼₁：和第一张图一样。

幼₂：站在椅子旁边，帽子戴在头上，往前走。

幼₂：按顺序移动位置。

师：对了，我们听音乐来一遍。

（听 A 段音乐练习一遍）

师（翻开图五）：最后一张我们小朋友一看就知道。

幼₁：坐在椅子上传帽子。

幼₂：帽子戴在头上。

幼₃：要按顺序传。

师：这一段最难了，我们有信心完成吗？

（听 B 段音乐练习，因为这一段动作是最难的，因此看情况可练习两遍）

（二）完整学跳帽子舞

师：你可以试着看这几组舞谱，完整地来一遍帽子舞吗？

师：听好音乐，有节奏地换动作、传帽子，这样整体看起来会更好看哦。

（幼儿在舞谱和老师语言的提示下完整地跳帽子舞两遍）

师：舞蹈结束时，你来摆一个你最喜欢、你认为最漂亮的动作，我们来试试看。

师：我们完整地来一遍，拿出你的热情，跳起欢快的帽子舞吧。

〔评析："授人以鱼不如授人以渔"。巧用舞谱作为活动"先行组织者"，对幼儿学习舞蹈起到积极有效的帮助。教师设计的这套舞谱，将简洁的动感小人、动感线条及结构鲜明的图案相结合，幼儿只要仔细观察，就能探索出帽子舞的动作、队列，省去了教师冗长的讲解，繁琐的示范，教师和幼儿一起读懂每一幅舞谱的含义，通过分解练习，幼儿很容易学会一个完整的舞蹈，而且知道了学习的方法〕

活动延伸

1. 有条件的情况下，可把幼儿的表演拍成录像或者照片，让孩子欣赏自己整齐优美的表演，也可作为资料用于下次教学示范。

2. 给幼儿准备一些乐器、玩具等物品，加上明快的音乐，让孩子在区角尽情地玩传递游戏。

3. 可用于"六一"节表演，也可编排成广场集体舞。

〔评析：幼儿是活动的主体，在本次活动后，教师将幼儿的表演剪辑制作，幼儿在欣赏自己的表演时会更有自豪感，体会通过自己的努力获得成功的快乐，体会参与集体舞蹈带来的集体意识和荣誉感。而独特漂亮的帽子这一材料可以充分利用，用于表演等多种活动，让旋转的舞帽成为一道靓丽的风景线〕

附：舞帽照片

附：舞谱

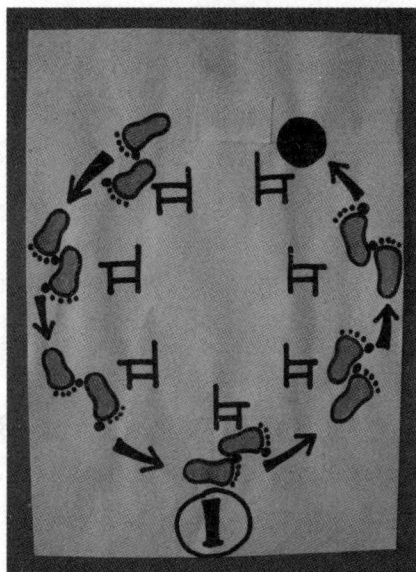

A 段：帽子戴头上，每一个乐句移动一张椅子，并自由摆胯。

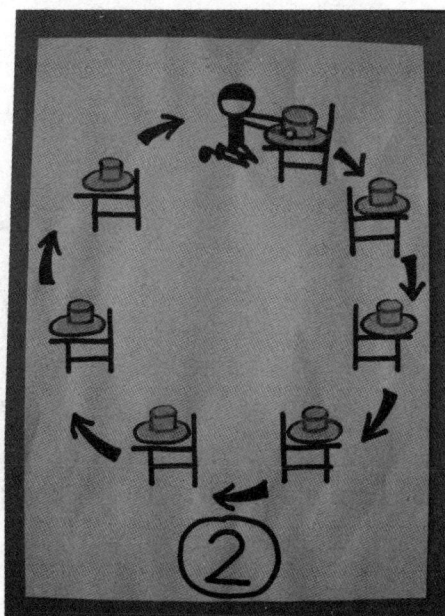

B 段：幼儿面向圆心，双膝跪地，听音乐将自己的帽子放到左边椅子上，再拿自己的帽子依次向左侧传递。

C段：帽子拿在手中先向外退，举帽扭胯；再向圆心走，举帽在胸前自由摆胯。

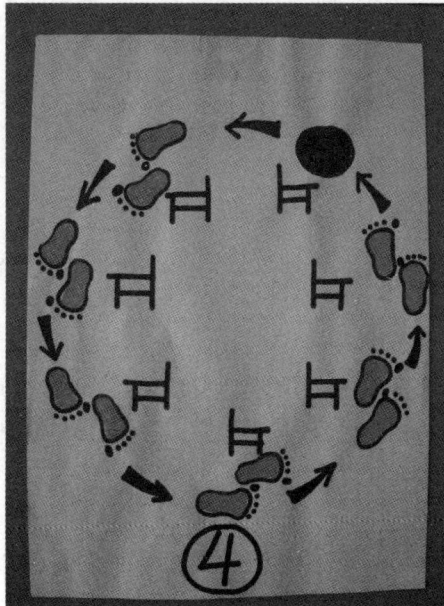

同①。

B 段：坐在椅子上面向圆心，根据节奏右手拿前面小朋友头上的帽子戴在自己的头上，一直重复此动作。

附：曲谱

塞琳恰恰舞

1=E   4/4

前奏

（6666 63 6666 6 | 6666 6666 6666 6636 | 6666 6 6666 6 | 1121

7657 60 0333 |）

A 段

43 21. 30 0333 |43 21. 20 0222 |32 17. 20 0224 |31 27. 60

0333 |43 21. 30 0333 |43 21. 20 0222 |32 17. 20 0224 |32 17. 6

- ‖

B 段

‖:6666 6666 16 6 |6666 6666 1- |0661 0616 2212 0661 |

2761 75 6 - :‖

C 段

34 ‖: 5 - - 0555 |6663 65 5. 12 |3 - - 0333 |4321 3 -

34 :‖ 3 2 1 7 |

艺术领域（美术）

"哈哈镜中的自画像"（绘画活动）片段教学实录

许晴宇

活动目标

1. 通过观察，感受哈哈镜中自己形象的变化。

2. 运用夸张的手法，画出哈哈镜中自己的特征。

3. 体验画哈哈镜中的自画像带来的愉悦情绪。

活动准备

经验准备：欣赏过一些大师夸张的人物画作品；有照哈哈镜的体验，并能和同伴交流自己在哈哈镜中的变化。

物质准备：哈哈镜和平面镜，布置镜子王国，幽默音乐，毕加索作品。

材料配套：牛皮纸、各色油画棒每人一份。

活动过程

一、照一照，比一比，感受平面镜和哈哈镜中形象的不同效果

师：今天，我们一起来到了镜子王国，想不想去照一照各种各样的镜子呢？镜子王国里有我们平时照的镜子，还有有趣的哈哈镜，照一照，比一比，看看哈哈镜里的你和平时照的镜子里的你有什么不一样呢？

（幼儿听音乐入场，自由照平面镜、哈哈镜，对比形象变化，边照镜子边和同伴自由交流）

幼₁：瞧！我的身体变得很长很长。

幼₂：哈哈！我变得又矮又胖，真好笑。

师：谁来说说看，你照了哈哈镜，变成了什么样子？

幼₁：我在哈哈镜里变胖了，变矮了。

师：请你站到镜子前，让小朋友一起看看，镜中的你是不是变胖了、变矮了？

幼：是的。

师：有没有哪个小朋友照出来的效果和他不一样的？

（请一个小朋友站在镜子前）

师：瞧！他和刚才的小朋友照出来的效果一样吗？镜中的他变得怎样了？

幼₁：变瘦了。

幼₂：变得很高。

师：为什么他们俩照出来的效果不一样呢？

幼₁：两面镜子不一样。

师：哪里不一样呢？你来摸一摸，看看这两面镜子有什么不一样？

幼₁：这面镜子是凸出来的，那面镜子是凹进去的。

师小结：对了，这种凸出来的哈哈镜我们叫它凸面镜，凹进去的镜子我们叫它凹面镜。它们有个共同的名字叫哈哈镜。哈哈镜和平面镜不一样，照哈哈镜时我们的身体会变形，照凹面镜时身体会变得又瘦又高，照凸面镜时身体会变得又矮又胖，样子非常滑稽。

〔评析：布置镜子王国，让幼儿边听着滑稽音乐边照镜子，引导幼儿观察平面镜和哈哈镜照出的不同效果，通过看一看、摸一摸、比一比，了解凹面镜和凸面镜照出的不同效果。在宽松愉悦的氛围中边观察边自由交流，对镜中夸张变形的形象有了更深刻的印象，丰富了幼儿的感性经验，为画哈哈镜中的自画像作好铺垫〕

二、看一看，学一学，大师夸张的人物表现手法

师：你们知道吗？西班牙有一位著名的画家毕加索画的很多作品中的人都是夸张变形的，我们来欣赏一下。

（出示毕加索作品《镜中的女孩》）

师：看一看，毕加索画的女孩和我们平时看到的女孩一样吗？有哪些地方不一样？

幼₁：女孩身体上画了一个个圆形。

幼₂：她的手臂画得很长很长。

幼₃：脖子画得很细很细。

师小结：画家画笔下的女孩与生活中的女孩相差很多，有点像机器人的造型，细细的脖子、胖胖的身体、对比的色彩，给人们留下了深刻的印象。

师：毕加索还画了很多自画像，把自己夸张、变形，完成了很多作品。我们一起来欣赏一下。

师：你们看，他画的自画像和他本人像不像？哪里不一样？

幼₁：眼睛很大很大。

幼₂：脸很瘦很瘦，颧骨很高。

师小结：毕加索的自画像画得和他本人完全不一样，一张面具一样的脸，紧闭的双唇，憔悴的脸庞衬着鲜明凸出的颧骨，一双睁大的眼睛，目光犀利地盯着大家。

〔评析：在看毕加索《镜中的女孩》及其自画像时，教师让幼儿充分地观察、充分地评说，引导他们来分析毕加索作画的特点，学习毕加索大胆的线条和色彩，感受了作品狂野的、没有规则的、夸张变形的风格，为自己作画不受任何约束、尽情地画画带来很好的启示〕

三、谈一谈，说一说，怎样画哈哈镜中的自己

师：想不想学毕加索画一画我们刚才照的哈哈镜中的自己呢？

师：你想让自己身体哪些部位变形呢？

幼₁：我想把身体画得很长很长。

幼₂：我想把身体画得很矮很矮，像个小矮人。

幼₃：我想把脚画得很大很大。

师小结：哈哈镜中的我们有时变得很高很高，身体和腿很长很长；有时变得很矮，身体和腿变得很短。我们都想学着大师把哈哈镜中变形的自己画出来。

〔评析：通过讨论，让幼儿谈一谈、说一说，加深对夸张、变形的理解，懂得要表现出描绘对象的主要特征，为幼儿的创作活动做好准备〕

四、试一试，画一画，哈哈镜中变形的自己

师：我们照了哈哈镜，欣赏了毕加索的名画，现在该轮到我们小朋友大显身手了，赶快拿起你的画笔，开始作画吧！

（教师巡回指导，鼓励幼儿大胆作画，画出夸张变形的自己；鼓励幼儿大胆用色，装饰背景、衣服上的图案）

〔评析：在充分观察哈哈镜中的自己并欣赏了大师作品的基础上，再画自画像显得容易了很多。主要是鼓励幼儿大胆用笔，表现夸张的人物形象。在牛皮纸粗糙的一面用油画棒画出自画像并进行装饰，整体效果较好。提示幼儿巧用白色油画棒进行装饰、点缀，起到画龙点睛的效果〕

五、展一展，评一评，引导幼儿互相欣赏和交流

（一）引导同伴之间互相交流、讲述自己喜欢的作品

师：看一看，猜一猜，这是谁的自画像？

（幼儿自由欣赏后猜一猜是谁的作品）

师：你认为哪一幅画画得最好看、最有趣？

幼₁：我觉得这一幅画画得很好玩，眼睛大大的，身体很长，又瘦又高，真有趣。

幼₂：我觉得这一幅画衣服上的花纹画得很漂亮。

幼₃：我觉得这一幅画把小朋友的身体画得滚圆滚圆的，特别搞笑。

师：谁来介绍一下，他让身体哪一部位变形了？他是怎么画自画像的？

（请两三个幼儿介绍自己的作品）

幼₁：我把腿画得很长很长。

幼₂：我把身体画得很胖很胖。

幼₃：我把脸画得很大，身体画得很小。

师小结：通过仔细观察，小朋友把哈哈镜中的自画像夸张变形，画得真有趣。我们还可以用哪些方法画或者制作自画像呢？对了，我们可以剪贴、撕贴、砂纸画、水墨画等各种方法来表现自画像，还可以把各个自画像布置在主题墙上，让我们一起来欣赏、一起来猜猜，画的是哪个小朋友，好吗？

〔评析：在展示和交流、评价活动中，让幼儿看一看、说一说、评一评，

提高了幼儿欣赏和评价作品的能力。这一阶段也是幼儿相互学习和提高认识的过程，有益于增强幼儿作画的自信心，提高幼儿的鉴赏力〕

活动延伸

1. 在美工区投放材料，如皱纹纸、报纸、毛线、双面胶、胶棒、水彩笔、砂画纸等，引导幼儿用各种材料制作哈哈镜中的自画像。
2. 布置主题墙《我的自画像》。
3. 收集漫画资料，了解并欣赏漫画，开展《走进漫画》的主题活动。

"泥塑蔬菜"（美工活动）片段教学实录

赵莉莉

活动目标

1. 在欣赏绘本故事内容中，观察蔬菜，了解多种蔬菜的基本形状特征。
2. 尝试在观察的基础上用泥工的形式表现出多种蔬菜主要的外形特征。
3. 体验在小组中集体创作的快乐。

活动准备

经验准备：认识、了解一些蔬菜的外形特征。

物质准备：多色轻质粘土，展示板，绘本《一园蔬菜成了精》PPT。

活动过程

一、利用绘本导入，引出创作欲望

（一）看一看

师：听，什么声音？你们感觉像是发生了什么事情？

幼：好像发生了一场战争。

师：这场争斗发生在哪里呢？我们一起来看一本书就知道了。

（播放绘本《一园蔬菜成了精》的 PPT）

师：你们在书中都看到有谁？

幼₁：看到有青萝卜、红萝卜。

幼₂：我看到池塘里有莲藕。

幼₃：还有葱。

师：你们的眼睛真亮，认识好多的蔬菜呢。

（二）说一说

1. 分析绘本中的内容。

师：你们看到的蔬菜在干什么？它们发生了一件什么事情？

幼₁：蔬菜们在打架。

幼₂：它们都想要做蔬菜大王。

幼₃：它们在比谁的本领大。

幼₄：它们发生了一场大的战争。

师：很明显，这园蔬菜发生了一场争斗，因为它们都想要做大王。它们都是怎么争斗的？

幼₁：小葱端起了银杆枪。

幼₂：茄子挺着大肚子。

幼₃：韭菜用的两刃刀。

幼₄：葫芦放大炮。

……

师：它们都使出了不同的本领，为什么都用的不一样的方法呢？

幼₁：这些蔬菜长得不一样。

幼₂：葫芦的形状就像个大炮弹，所以葫芦就放大炮。

幼₃：韭菜有好几片细细长长的叶子，像长长的刀。

幼₄：小葱长长尖尖的，就像一支长长的枪呢。

师小结：原来，这些蔬菜长得都不一样，小葱长得直，像一根银杆枪；韭菜的叶片狭长而扁平，而且有好几片，就如同两把长刀；黄瓜圆滚滚的长身体，犹如一条大长腿。所以，它们的本领和它们的身体形状有关系。

2. 讨论其他外形特征的蔬菜，为创作做准备。

师：你们觉得还有哪些蔬菜也可以加入到战斗中，它们有什么样的本领？（引导幼儿根据蔬菜的外形特征进行想象）

幼：毛豆也可以参加的，毛豆的身体舞大刀。

师：为什么毛豆是这样战斗的？

幼₁：毛豆的外壳就像一把弯弯的刀。

幼₂：洋葱陀螺转。洋葱的身体圆圆的，上面还有一个尖尖的地方就像陀螺转的东西。

幼₃：土豆炸弹漫天飞。土豆很结实，就像手榴弹一样，扔出去威力可大了。

幼₄：白菜扇起大扇子。白菜叶子很大，像铁扇公主的大扇子一样扇来扇去。

〔评析：利用绘本《一园蔬菜成了精》进行导入，充分激发幼儿的美工创作欲望和想象力。绘本中对于不同蔬菜，根据其外形特征而描述了独特的绝招，内容生动有趣而又充满想象，但因为与蔬菜的外形特征相吻合，却又饱含着真实。莲藕本来就住在淤泥里，这里的莲藕因为害怕重又钻进烂泥里，恢复到蔬菜们应该出现的正常的生活场景，想象与现实巧妙结合。绘本的画面丰富协调，细细看来，每一种动态都能吸引幼儿的模仿和表现，处处体现着童趣。绘本导入讨论的话题，用书中的形式作为幼儿创作灵感的来源，并且情景化贯穿整个活动过程，让幼儿进入游戏化的美工课程之中〕

二、幼儿手工制作蔬菜

（一）做一做

师：你们说了这么多蔬菜参与争斗的样子，我感觉那一定很有意思。如果我们这有你们说的这些蔬菜，那我们就可以举行一场有趣的蔬菜大战游戏了。怎么样，用彩泥做出你们喜欢的蔬菜来，我们一起玩游戏吧！

师：你想做什么蔬菜？它是什么样的？怎么用彩泥做？

幼₁：我想做圆滚滚的黄瓜，它上面有好多刺，就像狼牙棒，可以用剪刀剪出一根根的刺。

幼₂：我想做圆肚子的茄子，它的肚子特别圆特别大，吼一声，就像蛤蟆功那么厉害。要多用些紫色的粘土搓出圆圆的肚子。

幼₃：我想做萝卜，头顶上顶着长长的叶子就像是长长的头纱。

……

师：那我们就去创作自己的蔬菜大将吧，选择你需要的颜色。

（幼儿在桌边操作，教师巡回指导，帮助能力稍弱的幼儿完成蔬菜作品）

（二）讲一讲

师：你们都做好一种蔬菜了吗？你愿意展示给大家看一看吗？

师：你可以邀请一位好朋友，来比一比你们蔬菜的本领，谁愿意带着你的蔬菜来挑战？

（请幼儿邀请同伴，到集体面前）

师：告诉大家你做的是什么？它有什么本领？

（逐一请两名幼儿介绍制作的蔬菜以及本领）

师：听了他们的介绍，你们认为这两种蔬菜里面，哪个蔬菜的本领更大一些？

（幼儿发表意见，对于作品给予评价）

师：我们给本领大的这个蔬菜贴上"将军星"。

〔评析：这一环节幼儿在充分自主地制作自己脑海里的作品后，有了一个与绘本内容相吻合的大显拳脚的过程，这个环节是幼儿在大家面前展现作品，表述创意的过程。既是挑战，当然就存在输赢，幼儿可以看到别人的优势和自己的不足，同样做的是黄瓜，可是幼儿采用的表现形式不一样，有剪出的刺，有一根一根粘上的刺。这样的自我介绍，互相学习，使幼儿能够积累更丰富的美工创作形式，在以后的再创作中，能够取长补短〕

三、组合一组小朋友的作品，幼儿创编故事

（一）编一编

师：每组小朋友把自己做好的蔬菜放到中间的板子上，会发生什么样的故事呢？把你们编的新故事讲给大家听，好吗？

（以小组为单位，端起展示板进行讲述）

幼：我们组里现在有五种蔬菜，它们在表演本领选大王……

（教师对于幼儿的创编给予肯定和合理建议）

师：看来，蔬菜们不光有争斗，还会发生其他有趣的故事，哪一组的小朋友愿意将你们的蔬菜故事讲给我们大家听呢？

幼：我们小组的蔬菜在学跳舞。黄瓜和胡萝卜在跳舞，四季豆在跳芭蕾，韭菜在练习劈叉。

师小结：我们的蔬菜本领可真多，有的组里的蔬菜在选大王，有的在跳舞，有的在玩游戏。原来，我们自己做的蔬菜放在一起了，我们的故事就更好听了。

（二）添一添

师：你们觉得自己这一组的故事里有需要增添的东西吗？

幼：我们的蔬菜太少了，还要添一些蔬菜。

师：大家可以再来增添一些蔬菜或其他的东西，让我们的故事更完整、更有趣。

幼$_1$：我们的毛豆只有一个，还要再添一个。

幼$_2$：我们的蔬菜是在田野里，要添上小草。

幼$_3$：我们的蔬菜是在舞蹈房练习舞蹈，就要添上压腿的把杆。

〔评析：活动贯穿于一定的情境中，幼儿的个人作品需要放置到大的情境中，方能带给幼儿更完整的审美体验。幼儿在这里的创造，已经超越了绘本的内容和形式，让自己的"这园蔬菜真的成了精"。这一环节与绘本画面的丰富相得益彰，不断地完善，不仅使小小展示台更丰富，在"添一添"中幼儿已经能够考虑到展台的整体效果与背景，着实是身临其境，也更利于幼儿相互合作、相互学习〕

四、展示作品

师：你们小组的作品都完成了，就可以将你们的展示板放到美工区的展示台上，让大家来参观。等明天粘土干透，我们就可以进行蔬菜本领大展示了！

〔评析：选择轻质粘土的优势就在粘土风干后，幼儿可以手持游戏，可

以满足幼儿玩"蔬菜大挑战"的游戏。玩一玩自己的作品，和别人来场充满想象力的挑战，这样的情境游戏非常适合大班的幼儿〕

"人物画——跳"片段教学实录

阮芬华　陈巧灼

活动目标

1. 幼儿学会画人物跳跃的几种腿部动态。
2. 幼儿能画出一定情节，并较好地安排画面。

活动准备

经验准备：观察生活中人物各种跳跃的动态。

物质准备：人物上半身图片（3张）；操场背景一张；A4纸，水彩笔等辅助材料。

活动过程

一、启发幼儿回忆生活中与跳有关的各项活动

师：小朋友，动脑筋想想，我们在做游戏和锻炼身体的时候，有哪些跳的动作？

幼1：有跳绳、兔子跳、青蛙跳。

幼2：双脚跳、单脚跳。

师：你们知道这么多跳的动作，谁来示范下？

（幼儿示范跳的各种动作）

师：小朋友表现得可真好，你们会跳这么多动作，你们会画这些动作吗？

幼：不太会画。

师：没关系，今天，老师就来教你们画几种跳的办法。

〔评析：选择幼儿熟悉并经历过的教材，激起幼儿作画的兴趣，尤其是引

导观察各种跳的动作，形成表象，为画出各种跳的动作打好基础〕

二、教师示范讲解跳的画法

师：小朋友，你们想想，你们说的这些跳的动作主要分成哪两种呢？

幼₁：有双脚跳，还有单脚跳。

师：你回答得非常正确，一种是"单脚跳"，另一种是"双脚跳"。

（教师示范跳）

师：不管哪一种跳法，跳的时候腿的动作一定要怎样才能跳出来？

幼₁：腿要用力跳。

幼₂：老师的腿要弯一点点，再跳起来。

师：你观察得真细致，真是细心的孩子，我们腿弯起来的地方叫膝盖，先弯一点儿，再用力向上跳。

师：在跳的时候，我们怎么画腿呢？

（出示人物上半身的范例，教师边讲解边示范画腿。比如：单脚跳：把一条着地的暂时不跳的腿先画好，就像站着的那样画，画另一条腿就要弯过去，膝盖在腿长一半的地方，所以在画这条腿的一半的膝盖处时要弯上去，另一条线要照着这条线画。双脚跳：两条腿都跳起来，所以画到两条腿一半膝盖的地方都要弯上去，可以先画单脚跳中跳起来的这条腿，画好后在前面加一条弯的线就可以了。还有一种双脚跳，如：兔子跳、青蛙跳等，可以在身体下面画三条同样的线，只要中间的膝盖是弯的就行了）

三、鼓励幼儿大胆作画

师：现在请小朋友学画单脚跳或双脚跳，也可以画其他跳法。但一定要记住，单脚跳和双脚跳不一样的地方，跳得高，腿部要弯得高些，跳得低，腿部稍微弯一点儿就行了，还要一边画一边想，你画的小朋友在练哪一种跳的本领？他手的动作是怎样的？可以站起来做做手的动作。

幼₁：双手放在腰上。

幼₂：双手伸直、向上。

幼₃：双手向身后摆。

师：刚才，小朋友示范多种自己想画的手的动作，真棒！现在，比一比，看看谁画得最好，跳的动作画得最像。

（幼儿作画，教师巡回指导，帮助个别幼儿掌握画出腿的弯曲动作，提示手的动作也要画好，鼓励幼儿发挥自己的想象，大胆作画，并注意画出情节与合理安排画面，色彩要求鲜艳、均匀等）

〔评析：通过讲解示范跳的动作，让幼儿体验不同跳动作的画法，不仅提高幼儿对人物画的兴趣，也将幼儿生活经验融入于美术创作中〕

四、活动评价

师（把幼儿作品贴在表示操场的背景上）：有许多小朋友在操场上练跳的本领，谁能说说他们在干什么？

幼$_1$：他们在操场上练跳远。

幼$_2$：他们在操场上练跳高。

幼$_3$：他们在操场上比赛跑步。

师小结：小朋友都展开自己想象的翅膀，不仅画得好，而且表达也很清楚，真棒！老师请你们过来当一次小评委，评价这些画，谁画得好，画得像？

幼$_1$：××小朋友画得好，他的腿有画弯弯的，跳起来。

幼$_2$：××小朋友画得也不错，在学兔子跳。

幼$_3$：××小朋友画的腿不够弯，像是在站着，涂色不够均匀。

师小结：瞧，你们评价得可真好，说出今天我们画的重点，跳的动作，特别重视腿的细节要弯曲；在涂色方面，要均匀，色彩鲜明，你们真像个小评论家。画得不够好的小朋友没关系，多观察多练习，相信你们都能成为小画家，加油！

活动延伸

师：我们现在到户外去，跳一跳，运动一下。

〔评析：动静相结合，使幼儿多观察积累相关经验，丰富其内心世界，使幼儿的审美意识从内到外地进行提升〕